LA POLITIQUE

DE

L'EUROPE.

LA POLITIQUE

DE

L'EUROPE.

IMPRIMERIE DE LAURENS AINÉ,
RUE DU POT-DE-FER, N° 14.

LA POLITIQUE

DE

L'EUROPE;

PAR

M. JOSSEAUME DUBOURG.

PARIS,

CHEZ KLEFFER, LIBRAIRE,

RUE D'ENFER, N° 2.

1822.

AUX ROIS.

C'est au nom de la religion, au nom de l'honneur, c'est pour la gloire des trônes, la prospérité des peuples et la morale universelle que j'ai composé *la Politique de l'Europe*. Dans cet ouvrage, je rappelle au monde, et les avantages de la piété, et les charmes du devoir, et les doux fruits de l'obéissance; je m'occupe aussi des négociations politiques, des rapports sociaux et des nouvelles considérations de *la Sainte-Alliance*.

Comme Dieu montre sa puissance dans l'univers, vous devez aussi, ô rois, étendre sur le monde le manteau de la royauté ; et votre justice, semblable à celle du créateur, doit punir les anarchistes, et protéger vos fidèles sujets !

La force est dans *la Sainte-Alliance* et la sagesse dans le cœur des monarques. Quels plus beaux sentimens pour le bonheur des peuples ! Les souverains se plaisent dans la paix ; semblables à une seconde Providence, ils n'ont qu'une âme, qu'un ordre ; sensibles aux malheurs publics, on les voit toujours disposés à sauver les couronnes et à honorer la piété.

Le juste qui s'immole pour Dieu et pour les trônes, celui qui n'aspire qu'aux célestes richesses sera fidèle à jamais ; les princes doivent écouter l'homme vertueux.

Dieu peut tout par la piété. Joseph sauve l'Égypte, David prie pour son peuple, et Louis XVI pour tous les diadêmes légitimes.

Cette menaçante irréligion qui trouble les états, cette furie révolutionnaire a déshonoré la société; dans les universités, au milieu des écoles, le ciel et les rois ont été outragés; il est temps que les hommes préposés à l'enseignement méritent mes hommages. Nos académies prouvent par de bons livres combien la grâce a de puissance, la foi d'ornement, la charité de dons. La tolérance civile et philosophique éloigne la jalousie. Souverain des mondes, Dieu suprême, votre soleil échauffe nos plaines et nos coteaux; vous jugez la terre du haut des cieux ; ah! daignez répandre votre chaleur immortelle sur l'arbre social, dissipez le mauvais air et que toutes les branches de cet arbre majestueux fleurissent en même temps pour donner des fruits de paix en automne !

Toujours la grâce aura la céleste lumière,
Toujours dans les états on verra la prière ;
La justice et la force ont toujours des pouvoirs,
Le Dieu de la nature a marqué les devoirs,
C'est le Dieu de la paix, le Dieu de l'abondance,
Heureux sont les mortels soumis à sa puissance!
Protecteur du bon ordre et de nos dignités,
Ce Dieu sait affermir les saintes libertés.
O grands rois de l'Europe, annoncez à la terre
Le Dieu tout éclatant des feux de son tonnerre;
Il répand sur les fleurs ses rayons solennels.
Dans l'or de nos épis, ses dons sont éternels.
Tous les jours ou les nuits sa charité propice
Bénit le malheureux et conduit la justice!

LA POLITIQUE

DE

L'EUROPE.

DIEU a dit : ma justice maudit les rebelles et protège les trônes !

Souverain des nations, père éternel, vous offrîtes toujours le bonheur aux sociétés constituées par vos lois divines, et vous observâtes combien vos préceptes formaient le véritable enseignement !

J'entends le cri de la religion, le cri royal d'un monarque infortuné ; j'abandonne mon joyeux chalumeau, afin d'emboucher une des trompettes de l'ange de l'Europe !

Muse, viens mêler ton accent plaintif à mes paroles prophétiques. Jette dans le camp des anarchistes l'allarme et la désolation ; célèbre les événemens heureux, le bonheur des sujets fidèles, développe tous les principes sociaux, les vertus publiques, le système moral de l'Europe, de la sainte confédération.

Il est un pacte sacré entre les gouvernemens chrétiens ; ce pacte oblige mutuellement les rois et les peuples.

La politique doit avoir la raison pour amie, la justice pour compagne. Cette politique se trouve dans la diplomatie et dans les idées religieuses.

Le droit des gens, le respect réciproque, l'honneur des couronnes, la dignité des hommes, les liens d'union, l'ordre et le bonheur public font l'existence du monde.

La vie serait malheureuse ; on ne verrait que calamités, désordres, insurrections militaires, infidélités, anarchie et irréligion sans les principes éternels des croyances révérées de nos pères.

Le bon système d'institution pour les

états de la chrétienté doit lier ensemble les humains.

Compromettre un royaume en se révoltant contre le souverain, en proposant une constitution extrêmement populaire et anarchique, c'est se soulever contre Dieu et la raison suprême. Antique Ibérie, tu as vu tes enfans plongés dans la mer révolutionnaire, une faction perfide cherche à saisir le pouvoir pour rendre l'Espagne malheureuse; grands du monde, sauvez les nations, sauvez Ferdinand VII...?

O juges de la terre, c'est dans la sécurité, dans le respect pour la pourpre sacrée, dans la justice et dans l'ordre que les nations désirent vivre! Le tout-puissant vous contemple, faites comme le ciel ordonne. Telle l'eau qui coule rend le paysage plus enchanteur, telle la source de votre grâce doit parcourir la terre arrosée du sang de la garde fidèle d'un monarque des Espagnes; vous devez aussi, ô rois et empereurs, vous devez assurer la tranquillité générale!

Toutes les révolutions fatiguent les mortels, c'est l'anarchie conspirant contre l'ordre, c'est l'impiété méprisant la loi du ciel! Que de chagrins, que de misères, quel mauvais ton dans les discours, quels dégoûts pour l'obéissance! désirer des changemens lorsque l'on est heureux, c'est donner la preuve d'une corruption morale. Telle une couleuvre se glisse sous les javelles où elle trouve la mort au moment que le moissonneur, occupé à ramasser le blé, l'aperçoit parmi les herbes; telle doit être la résolution de la haute puissance, de détruire le reptile révolutionnaire.

Le contentement général atteste combien l'ordre plaît aux sociétés européennes. Quand les codes ont la sagesse pour maxime, que les législations fixent la destinée civile; que la justice garantisse les droits propriétaires, la religion et la morale divine! ceux-là sont bien coupables qui changent les grandes familles politiques!

O malheur des temps d'infidélité, ô anarchie compagne de l'irréligion, combien de dissensions, de calamités, de catastrophes par la discorde affreuse et sanguinaire!

Bergers, le monde soupire et gémit, on n'entend plus le gai chalumeau ni la flûte bocagère. L'aurore naissante n'est plus aussi vermeille qu'au printemps du bonheur. Les oiseaux sous la feuillée ne répètent point l'air de mon tendre flageolet, le ciel fait éclater sa foudre, la voix du souverain de l'univers ressemble à la tempête, la nature se ressent de la colère du Dieu des monarques Bergers, n'allez point au bord du torrent dévastateur, votre troupeau serait désolé pour longtemps.

Pour la dignité des nations, il est indispensable de rappeler combien les monarques légitimes ont de puissance pour le bien-être de leurs peuples. Il sera donc reconnu ce principe : *Que les humains trouvent toute garantie dans la royauté, dans la religion et dans la puissante intervention de la sainte-alliance.*

Ecoutez, ô peuples, ce que le sauveur divin prononce : *Tout royaume divisé périra*. L'union fait le bonheur, votre position, peuples du Nord, est satisfaisante. Vous aimez le travail, et vos augustes maîtres ont l'ancien système social, fruit de l'expérience. Restez dans cette agréable situation, n'allez jamais grossir le fleuve impur; l'orage produit toujours des malheurs, c'est la rosée bienfaisante qui entretient la fraicheur de la rose.

Comme les lois éternelles agissent pour l'harmonie de l'univers, il faut aussi dans l'ordre social conserver la place à chaque pouvoir. La France monarchique et héréditaire a une belle législation. Les trois pouvoirs se réunissent, et les voix de nos chambres s'accordent avec la voix du prince : Ce grand roi propose la loi, admirable enchaînement, liaison parfaite. Louis XVIII, par sa prérogative divine, par son initiative royale, fait remarquer sa qualité, la nature de sa puissance : les Français savent que les libertés aiment les lis ; la patrie adore un Bourbon !

Monarque appelé par Dieu pour gouverner une nation fidèle, c'est à vous de confirmer l'œuvre de la grâce.

Le sang de vos pères coule dans les veines des rois du Midi. Telle est la beauté de ce sang : les Bourbons ont souvent donné de tendres maitres aux sociétés méridionales, O Louis XVIII ! rendez par votre puissance la paix et le bonheur à des sujets qui aiment le sceptre de votre aimable famille ; que l'Espagne soit heureuse comme la France !

Un gouvernement parvient à la considération de l'Europe en prouvant par ses institutions, son autorité et sa force : c'est le meilleur système politique que celui d'assembler le principe religieux aux principes de la justice, afin de tirer toutes les considérations morales.

Ces considérations s'obtiennent des idées chrétiennes, de la fidélité, des égards, du droit public, d'une diplomatie éclairée, de la conduite du peuple. Quand les souverains savent qu'un état est agité, tourmenté, par des intrigans qui se mêlent de composer de mauvaises constitutions, les puissans du monde ordonnent à leurs ambassadeurs de protester contre la sanguinaire anarchie, et tôt ou tard la colonne révolutionnaire s'écroule parce qu'elle n'a point la base royale.

Considérez la situation du royaume tranquille et religieux. Quelle que soit la différence des communions, tout gouvernement doit pour son bonheur prier le Dieu suprême.

Les prières sollicitent les grâces divines, et ces beaux actes de religion rendent les cœurs plus doux, les esprits plus soumis, les âmes plus élevées; les mortels qui s'agenouillent pour s'adresser au père de miséricorde, trouvent les facilités du commerce, l'abondance dans leurs champs, l'ordre dans les villes, la prospérité dans l'industrie et la richesse dans les travaux.

Que toute éducation soit morale; plus un peuple est instruit de ses devoirs, plus sa fidélité se manifeste. Les devoirs ont des charmes; respecter Dieu et les rois, aimer l'ordre et le bonheur, quoi de plus doux !

Ces beaux sentimens sont ceux de tous les peuples éclairés. La France commence déjà à goûter le fruit divin, elle désire le repos public, et ce repos console de toute peine, de toutes les commotions populaires.

La lumière fait l'ornement de l'univers; les rois, disent les prophètes, les rois ressemblent à cette clarté qui rend les objets visibles. Les feux du diadême jaillissent pour donner de la splendeur au monde.

Hommes de tous les pays, détestez les révolutions, partout elles ont le même caractère de ferocité; partout l'athéisme et le libertinage ont leurs faveurs, là où règne la furie libérale, on voit la légitimité méprisée, les lois morales proscrites, la divinité outragée. Détestez l'exécrable irréligion annonçant le néant et la matière, détestez l'anarchie préparant les échafauds et favorisant le sacrilége et le blasphême.

Hommes paisibles et fidèles, confessez, en présence du Dieu créateur, sa divinité, son immense pouvoir; priez et travaillez.

Hommes pervers et criminels, libéraux impies et ignorans, voyez tous les crimes politiques, cherchez le bonheur dans la fille des cieux, l'aimable religion. O céleste consolatrice, que de crimes commis contre la providence, contre le bien général des sociétés, contre les trônes!

Crimes plus affreux que ceux contraires à la modestie, parce qu'ils attaquent le trône et l'autel, crimes que la bonne politique doit punir pour le respect national.

Nous n'avons cessé de combattre les systèmes vulgaires des publicistes imposteurs. Notre voix s'est élevée du fond du bocage pour faire triompher la religion et la légitimité; ni les chagrins, ni les dépenses pour imprimer et distribuer nos livres de *la sainte-alliance*, *du triomphe des rois*, n'ont point abattu notre cœur. Encouragée par le ciel, mon âme s'est fortifiée dans la foi, et forte comme la grâce, elle triomphe enfin.

Par l'accord des puissances, les états respectifs seront garantis. On connaît les causes des révolutions, on sait qu'une jeunesse, trop long-temps confiée à certains professeurs qui n'avaient plus de religion, a été infidèle, ignorante et séditieuse; cette jeunesse sera, dans tous les états, instruite de ses devoirs envers Dieu et les rois.

Jorplain ne sera plus assez osé pour chanter dans le recueil de Vadé et de Bérenger; on le verra à l'église se former à la prière et aux airs spirituels de nos saints missionnaires.

Mademoiselle *N*... qui affectait le libéralisme, chantera sur le ton royaliste, et, dans notre assemblée chrétienne, on n'entendra plus l'accent de l'infidélité.

C'est notre devoir de prouver la beauté des lois morales. On doit interdire aux ennemis de l'ordre public tous les discours immoraux, toutes les paroles mauvaises et impies, tous les romans séducteurs.

Brûlez ces livres infâmes, ô tristes libéraux qui vous assemblez dans la Prusse pour former une association vagabonde!

Brûlez tous les ouvrages des représentans anarchistes. Brûlez, ô étudians en droit! les chansons contre l'autorité. Brûlez ces estampes des nymphes du livre de Télémaque, ô vous, jeune personne, que je connais! Brûlez les *Lettres Persanes*, les plus dangereuses de toutes les lettres profanes, femmes et mères de famille! De bonnes lois morales forment actuellement à la civilisation.

Les hommes en place, les grands ministres des rois savent conduire le troupeau. Placés, tantôt comme le bon pasteur à la porte du bercail, ils empêchent la bête sanguinaire d'attaquer les brebis fidèles; tantôt du haut de la tribune politique, ils annonçent les vérités.

Depuis que la politique des cabinets se compose de la morale de votre sainte-alliance, vous le voyez, ô médiateurs du monde, vos peuples restent attachés à vos admirables personnes et les révolutionnaires sont méprisés.

Le droit actuel s'explique par la connaissance du droit divin. Les hommes vertueux, les diplomates sages, les écrivains d'un talent supérieur savent, *que la morale a sa puissance comme la justice et que l'éternelle raison ordonne aux sociétés de vivre fidèles à Dieu et aux monarques.*

C'est une grande et sainte politique que celle de considérer tous les intérêts respectifs des nations, la sincérité des traités; tel Dieu opère dans le temps et l'éternité, tel le pouvoir royal produit l'ordre par la morale religieuse, par le droit des gens, par la force et par la prudence.

Les états ont des administrations sages, des ministres puissans en œuvres et en bonnes actions. Le ministère russe agit par les lois de l'humanité; le cabinet autrichien a un grand diplomate; l'Angleterre est forte dans la marine; la Prusse aime l'ordre; tous les états du

Nord s'élèvent à de grandes considérations, et rappellent comment les intérêts de leurs sujets se confondent dans les grands intérêts commerçans, agricoles et industriels; alors on verra plus de richesses par les échanges, les débouchés. Naples et le Piémont ont des rois savans dans l'économie politique.

La patrie de l'auguste fils de saint Louis a de bons ministres, ceux de la justice et des finances, de l'intérieur, de la marine se ressemblent par leur amour pour la majesté et leur dévouement pour la patrie. Combattre l'audace et l'infidélité, c'est mériter mes hommages; mais qu'il me soit permis de témoigner ma reconnaissance à deux autres illustres personnages : après les discours de sa Majesté, rien ne m'a plus satisfait que les explications sentimentales, tantôt calmes, tantôt fortes, tantôt ardentes, toujours éloquentes de MM. les ministres des affaires étrangères et de la guerre, à la chambre des députés. Tout ce qui est beau, sublime, religieux, sera cher à mon cœur!

O nations, vous vous laissez guider par les grands hommes d'état et vous avez des jours agréables!

De tous les crimes, les plus grands sont ceux de la trahison et de l'ingratitude, ils attaquent le corps politique; c'est l'honnêteté et l'obéissance qui servent les majestés divine et temporelle. Nous voyons avec joie tous les sujets chrétiens suivre ce sentiment.

Les devoirs sont naturels aux belles âmes, et toutes les félicités plaisent aux cœurs sensibles.

Jusqu'à présent on a trouvé des infidèles, des impies, mais la vérité l'emporte; le devoir est une vertu, le monde méritera plus du ciel parce qu'il aura plus d'amour pour les lois morales et pour les prérogatives des couronnes.

Quels motifs pour servir l'Être divin

et la patrie! Cet ouvrage consacré à la suprême autorité, sera encore plus intéressant quand la voix du Saint-Esprit sortira du séjour éternel. Rois et peuples, écoutez : les sociétés qui pratiquent la vertu sont heureuses.

Il est bien temps de faire le bien et d'empêcher le mal. Il est temps de dire que cette personne en place doit montrer le bon exemple. Il nous sera permis d'après l'esprit saint de publier cette sentence : *N'empêchez point le bien*, au contraire, *faites-le vous-même*. Pour le bonheur des états, pour le salut du monde civilisé, pour la gloire de Dieu et des trônes, n'empêchez point les sujets d'obéir à l'autorité; sachez, tristes publicistes, combien le devoir prouve de satisfaction.

Mauvais orateurs, n'empêchez point le bien, cessez vos déclamations mensongères, vos entretiens profanes et impies; procurez, au contraire, à votre patrie, toutes les satisfactions des grâces célestes ; car les fleurs des immortelles et des lis croissent dans des terres fertiles. *La grappe divine ne se trouve pas dans les épines, ni les figues sur les haies.* C'est en cultivant les plantes que l'on recueille de bons fruits. Encouragez les hommes de toute condition à coopérer au bonheur social.

Coopérons, ô sujets, à la splendeur des trônes, coopérons à la gloire de la patrie; coopérez aussi, grands de la terre, au salut public.

En vain voudrait-on affermir les gouvernemens. Sans la sagesse, le courage et la police, on ne verrait que malheurs, trahisons, ingratitude. Les sociétés prospèrent par les bonnes doctrines et la piété. Semblable à un arbre dont les fleurs embeaument l'air, l'état qui fleurit a des fruits magnifiques.

C'est un grand crime d'empêcher le bonheur du monde : les mauvais sujets, les athées, les révolutionnaires troublent toujours l'église et les familles.

Il convient aux sociétés de l'Europe d'arracher un arbre qui ne produit point de bons fruits. La parole du rédempteur a beaucoup de force : *Tout arbre inutile sera maudit.* L'arbre du mal est planté auprès de l'abîme de l'athéisme; ses racines pénètrent aux enfers, et sa stérilité afflige la nature.

Rendez, ah, rendez à la terre sociale et sa fécondité et sa fraîcheur! Que les temps plus fortunés fassent croître l'olivier de la paix!

Nations, vous apprendrez comment les états se conservent : c'est par la piété et les études chrétiennes; c'est par les doctrines véritables, par les sciences honnêtes et par l'amonr du travail.

Pourquoi des états ont-ils été ébranlés? Pourquoi plusieurs n'existent - ils que dans l'histoire? Pourquoi les sociétés, comme les arbres des forêts, périssentelles? parce que la sève qui fait produire de bons fruits, s'altère par le mauvais état des racines. Il faut procurer aux sociétés tous les secours de la culture morale, et ranimer le feu sacré.

La politique de l'Europe éclairée reconnaît tous nos points de législature. Nous avons souvent manifesté cette pensée : *Lorsqu'un royaume ou un autre gouvernement ont toutes les assurances du bonheur, toutes les idées religieuses, l'intérêt public commande le respect pour les institutions.*

Cette pensée morale me conduira à la raison d'état. On est obligé de suivre les conseils de la prudence et d'agir par la haute politique, alors le peuple doit confondre son opinion dans l'opinion sage d'une diplomatie chrétienne. On sait combien les opinions vulgaires sont dangereuses. C'est la piété qui fait aimer la providence et les diadèmes.

L'homme existe pour remplir des

devoirs; obligé de vivre en société, il doit se réunir aux prières publiques et suivre la loi de l'état. Ne vous y trompez pas, c'est l'impiété qui produit les révolutions. Tant que l'incrédule et l'impie pourront impunément attaquer Dieu et outrager les rois, jamais les jours sociaux ne seront heureux.

Tournez vos regards vers les cieux, le firmament vous apprendra la grandeur de Dieu. Regardez cette terre ornée des dons de la providence, et vous direz : le créateur mérite nos hommages. Voyez le bon ordre dans une patrie, et vous bénirez Louis XVIII.

Il ne nous sera plus permis de cacher le tableau de l'ingratitude. Sans la fidélité, sans la morale, sans les conditions sociales, sans les égards, un état languit; lors de la cruelle révolution française, les ingrats, les infidèles affaiblissaient l'autorité. Hélas! que de belles vertus dont notre terre est privée! que de larmes, que de sanglots ! Ah, malheureux ! voyez les fruits de l'anarchie. Insensés, appréhendez les révolations, elles ôtent le sentiment de l'honneur, la raison et les idées religieuses !

Mettez toute votre gloire à aimer l'ordre, croyez que les libertés publiques sont plus belles quand les hommes prient et s'occupent.

Je prétends prouver à l'univers qu'il est nécessaire de revenir aux idées saintes et aux lois morales. La fidélité ne compte que des élus, et l'honneur trouve son éclat dans la lumière divine. Il sera bien doux pour mon cœur de savoir les transports de la reconnaissance des sujets pour leurs monarques ! J'ai toujours admiré les ordonnances et les lois chrétiennes de saint Louis sur les blasphémateurs, les sacriléges. Je ne souhaite rien au milieu de la société, où nous vivons pour nous soulager, nous consoler, qu'un arrêt contre les impies.

Il fallait que nous appelassions la religion à notre secours afin qu'elle descendît sur le peuple. Une diplomatie nouvelle a la sagesse pour messagère. O sagesse, compagne de la modération, sœur de la prudence, vous avez la force et la douceur, vous agissez comme la providence dont vous êtes la sainte émanation. Sagesse, vous voyez tout, votre conduite parait dans la conduite de Louis XVIII ! vous ramenez les peuples égarés dans le champ du bon ordre, votre politique se plaît chez tous les souverains de la Sainte-Alliance. O sagesse, puissance suprême, faites respecter la puissance temporelle !

Le temps est arrivé où les hommes prouvent par leurs actions, leur obéissance. Des représentans seraient aussi ridicules que libéraux si, dans de mauvais discours, ils empêchaient l'ordre et la paix. Nous sommes fatigués de ces mots mille et mille fois répétés d'égalité, de liberté. Il importe dans ces jours d'adorer Dieu, d'aimer les rois, de travailler et de recevoir la récompense du travail. On a été si accablé, si misérable, si infidèle, si impie, que l'on ne trouve plus de bonheur qu'auprès des lis et des fleurs royales.

Nations, par vos connaissances morales, vous serez heureuses; vous avez trop malheureusement appris par l'histoire et par vos chagrins domestiques, les suites de toutes les révolutions. Cherchez les moyens d'exister honorablement. Ces moyens sont dans la stabilité du commerce, dans l'abondance des productions territoriales, dans la solidité de vos engagemens, dans vos droits de cités, dans l'ordre de vos finances, dans l'économie politique.

Discutons les grands intérêts généraux. Le corps politique a son existence comme la nature, sa vie s'embellit par l'activité, le négoce. Un état est parfaitement constitué lorsque son trésor s'ouvre pour répandre des dons, lorsque toutes les parties administratives se prètent une mutuelle existence. Tel dans l'espace, le grand corps céleste voit les mille et mille étoiles obeir à son rayon.

En politique, tout est grand, profond. Souvent pour la prospérité du royaume ou d'un état représentatif, on calcule les événemens, souvent l'intérêt public l'emporte sur l'intérêt particulier, souvent les cours ont leur pensée contraire aux pensées vulgaires, plus souvent tout se fait dans la gloire nationale.

A une génération d'impies, a succédé une génération de mauvais publicistes, qui ignorent les véritables maximes royales, la politique des cours de l'Europe, l'honneur des traités, les relations parfaites, les lois du ciel. L'ordre de la diplomatie fait mon admiration. J'aime sans doute l'ordre du ciel qui porte son éclat sur la nature. Je vois un Dieu protecteur des trônes légitimes. Je voudrais encore que les royaumes sachent comme les affaires prospèrent par l'accord de la religion du Tout-Puissant, et des lois sages.

Oui, j'aime encore à le publier, et semblable au prophète qui exhalait son indignation aux jours des désordres d'Israël, si ma bouche est moins éloquente, mon âme sera échauffée du feu sacré. *Grands de la terre, vous rendîtes de grands services aux trônes humiliés*; vous ne manquâtes point à la grâce, elle vous rappelle combien la religion produit de doux fruits! C'est à vous, ô potentats, de soutenir la religion, quand les barbares, au nom de la liberté, profanaient les temples, ouvraient les tombeaux, insultaient votre Dieu; l'idolâtrie avait ses autels, ses ministres, son encens, ses victimes. Le sang des pasteurs a coulé. Dieu vous sollicite et vous dit : « Tous les rois légi» times sont mes images; ma sainte li-

» berté aime les monarchies héréditaires.
» Les monarques ne sont pas seulement
» constitutionnels, comme l'annoncent
» les ennemis de ma loi. Avez-vous re-
» marqué que tous les révolutionnaires,
» avant de renverser les trônes, ont frappé
» mes ministres? Faites respecter mon
» adorable nom, et vous ne verrez ja-
» mais les diadèmes passer dans des mains
» étrangères. Je soutiens les couronnes,
» lorsque rois et sujets m'adorent en *es-*
» *prit et en vérité.* »

Nous allons approfondir une question d'un grand intérêt. Ni Montesquieu ni J. J. Rousseau n'ont traité cette grande vérité des empires. C'est l'accent de la liberté nationale qui retentit dans les cœurs fidèles; mais au lieu des véritables libertés, les révolutionnaires ont substitué une liberté sanguinaire, avide de sang, toujours agitée par la furie de l'athéisme; les maux ont été grands, un malheureux siècle a immolé la grandeur, les vertus, les talens, le génie. Présentement il faut entretenir une bonne intelligence dans l'Europe, distinguer les pouvoirs, empêcher les soulèvemens.

On a fait de grandes fautes par la faute de l'ignorance, de l'impiété, du libertinage et de la paresse.

Hâtez-vous, ô souverains, de confirmer ces divines maximes. *La piété des rois forme la piété des peuples, et la religion se réjouit de la fidélité sociale.*

Nous nous réjouissons de voir les autels ornés d'immortelles et de lis, mais comme le prophète David, nous pensons aux douleurs causées par l'impiété. Cette génération que l'on représente toujours *constitutionnelle*, n'est plus sensible à la religion de ses pères. Ce libertin adore la déesse des révolutions, et il refuse ses hommages à l'agneau sans tache.

Ce malheureux écrivain, toujours indisposé contre l'église et les trônes, a la *maladie* libérale. Les théâtres, écoles de l'impiété et de la désobéissance, forment des barbares et des athées; depuis leurs établissemens les mœurs ne sont pas meilleures. Le ridicule fait rire, mais il ne corrige pas; c'est la religion, la seule religion qui parle au cœur et qui s'épanche dans l'âme.

Les grandes puissances doivent donc maintenir la croyance, et par une politique forte, juste, héroïque, elles peuvent diriger les esprits vers le beau, le vrai.

On organisait des rassemblemens, on formait des complots d'infidélité; l'audace et l'ambition auraient changé le monde civilisé en horde sauvage. L'ambition fait les révolutions pour se placer sur la hauteur, pour avoir des places, gagner des batailles.

L'ambitieux qui a contribué aux malheurs des peuples, s'il n'avait pas été arrêté par Dieu, la terre serait couverte d'ossemens, nos maisons détruites, les villes et les villages sans habitans ; les trônes écroulés seraient réunis aux pierres du temple du Seigneur. Les conquérans farouches ont voulu dévaster, mais le Dieu des armes plus puissant, a triomphé de tous les ambitieux.

Les sociétés vont pratiquer toutes les vertus : vertus d'obéissance et de dévouement, vertus d'ordre et de religion, vertus de probité et d'économie, enfin, vertus de générosité et de véritable gloire.

C'est dans l'opinion religieuse, dans la fidélité, dans les bonnes mœurs, dans l'amour de la patrie que se trouvent les richesses de la grâce. Nous avons tous été témoins des événemens sinistres, des imprudences des partis, des systèmes de l'orgueilleuse philosophie, des horreurs de l'anarchie, du fanatisme libéral; il est temps de former les cœurs au bien et d'empêcher les esprits de produire le mal.

L'homme sera toujours malheureux

dans les révolutions sanguinaires; il doit donc les éviter. L'homme ne serait qu'un misérable anarchiste sans la fidélité à Dieu et aux rois.

Les rois de la croix de Jésus-Christ sont unis ensemble comme David et Jonathas; l'amitié préside à leurs conseils, et la sagesse détermine leur volonté suprême.

L'athéisme est semblable à une montagne qui lève jusqu'aux nues, tandis qu'un volcan agit sous sa base; les dignes monarques ont bien agi pour détruire cette montagne de soufre et de feu, et rien n'était plus aisé avec les armes de la sagesse.

Les rois ont de grands devoirs; ainsi que les juges d'Israël, ils sont assis sur les trônes des tribus pour la gloire des sociétés; ils ne manquent point à ces devoirs sacrés, toujours actifs et zélés, toujours conduits par la gloire et l'honneur, le bonheur des peuples fait leurs douces occupations.

Vous montrez, ô souverains, comme l'on gouverne les hommes, vous montrez beaucoup de prudence dans vos relations politiques, vous montrez qu'étant les images de Dieu, comme lui, vous avez la sagesse.

La sagesse et la charité ouvrent leurs trésors au monde fidèle; ce serait une existence bien malheureuse de passer les années dans l'impiété et les révolutions; mais les hommes désirent la tranquillité. Ce père de famille pleurait sur un fils élevé dans le libéralisme, mais une éducation vertueuse peut rendre ce fils à son roi et à la patrie. Cette mère gémissait de l'inconduite de sa fille impie, mais le christianisme peut changer ce mauvais cœur.

La religion a vaincu le monde, elle triomphera aussi de tous les révolutionnaires; bientôt les mauvais publicistes seront convertis.

On ne peut pas dire assez combien

de malheurs l'impiété produit; c'est à l'autorité sage de ramener la divine institutrice des nations, la *morale éternelle*. Nous verrons une législation profonde et ingénieuse déterminer cette pensée parfaite :

Tous les gouvernemens pour l'honneur des trônes et la gloire des peuples doivent prendre de fortes résolutions, en empêchant l'impiété de ravir les croyances.

Le caractère de la politique européenne a un caractère nouveau; caractère doux et pacifique, caractère d'une grande distinction de sagesse, caractère divin et agréable au ciel, caractère fort.

Quand la politique fait la seule éducation, où sont la moralité, l'esprit religieux, la fidélité? sans les idées du bonheur réel, de l'immortalité, ah! l'homme est semblable à une bête!

Les livres de politique, du droit français, du droit général des nations auront maintenant ce droit spirituel qui, seul, peut rendre les étudians savans, chrétiens et royalistes. Nos anciens publicistes n'ont pas été témoins du bouleversement des sociétés, des injustices populaires, des catastrophes inouïes, des cruautés publiques. Les moralistes de ces temps heureux, les plus grands génies composaient pour des sujets fidèles. Pour rendre cette génération actuelle sujette à ses devoirs, offrez les trésors de la sagesse et de la charité ; que les cœurs s'attendrissent au récit des actions chrétiennes. Accoutumez les hommes à la délicate vertu, à la foi des trônes.

Comment se peut-il que le monde soit aussi stupide, aussi imprudent aussi infidèle? C'est l'insensibilité des âmes, l'ingratitude des cœurs, l'ambitieuse égalité, l'outrageante immortalité, qui ont emporté les individus vers les révoltes.

Tous les citoyens sages et prudens sont honteux d'avoir cru au libéralisme.

O Français qui aimez votre roi, que vous êtes heureux !

Faut-il le dire ? L'homme sans religion, sans conduite ne peut pas soutenir l'état. O rois ! Vous montrez beaucoup de sagesse en élevant à la magistrature et aux dignités politiques des hommes sincèrement pieux. La science appartient à la religion chrétienne et les esprits transcendans, les génies sublimes, excellent dans la loi de l'évangile, loi toujours d'un mérite divin et digne interprète des lois civiles, rurales et politiques !

Les sociétés ont un nouveau besoin de l'enseignement religieux. Tout est perdu sans l'amour divin. Remplissez vos devoirs, peuples de l'univers. Voyez le bonheur dans l'ordre, et la liberté dans la justice.

On craint toujours les méchans et les impies, craignez l'impiété et l'ambitieux. Ici vous trouvez des profanateurs du temple, là le vil égoïste, le financier sans gloire, le banquier intrigant; de ce côté, la maison de jeu où le libertin perd l'héritage qu'il désirait depuis long-temps; plus loin les assurances sur la vie, sur ......; dans cet endroit la prostitution publique. Sachez que des sociétés où se trouvent toutes les mauvaises qualités sont malheureuses.

Pour que vous voulussiez être heureux, ô sujets! il faudrait par la religion, apprendre vos devoirs! vous abandonnâtes le Dieu de vos pères, revenez sincèrement à la raison, à la vérité, à l'obéissance.

Qu'on a de peines, d'inquiétudes dans la vie! Pourquoi les états ont-ils été plongés dans le fleuve d'iniquités? Pourquoi toutes ces agitations, ces mouvemens, ces rassemblemens, ces infidélités militaires? Pourquoi des hommes si désagréables et si cruels trouvaient-ils des satellites aux gages du libéralisme?

Pourquoi les droits attaqués, renversés, méprisés? Tout vient du ciel, Dieu a la bonté de nous attendre; mais lorsqu'il voit les hommes ingrats, impies, il agite les nations : ne dites plus, ô cruels professeurs de l'athéisme, ne dites plus que tout vient du hasard ! Les fléaux, les révolutions, sont le partage de la malédiction céleste. L'éternel en sa colère, étonne et met la nature en mouvement. La terre ébranlée, les airs en feu, l'enfer en confusion, attestent que la puissance suprême punit les incrédules.

Que faut-il pour appaiser le Dieu tout puissant ? Des prières, de la charité. Peuples, aimez-vous, composez des sociétés parfaites sous le sceptre de vos rois magnanimes; aimez-vous, n'inventez plus de complots, ne tourmentez pas le monde. Aimez-vous comme votre divin maître a aimé ses enfans, aimez-vous pour parvenir au bonheur; travaillez et ne croyez plus grossièrement aux publicistes libéraux, aux apostats et aux athées.

On revient toujours à cette morale de nos pères : La félicité se trouve dans les charmes du devoir, et l'homme est heureux en aimant son Dieu et son Roi.

Quel contentement pour les souverains, de savoir leurs peuples fortunés et obéissans! Quel séjour agréable, où tout parle du créateur, de l'ordre et de la fidélité! Ainsi dans les vallons fleuris, je ressens l'air bienfaisant; ainsi les doux zéphyrs qui sont sous les fleurs des couronnes rafraîchissent le monde.

Les souverains, comme leurs sujets, sont soumis à la loi éternelle. Cette loi compose l'opinion religieuse, sa décision est infaillible, elle ne peut tromper, ni errer. L'opinion véritable soutient la puissance, parce qu'elle aime l'ordre.

Troubler l'ordre public, outrager les trônes, mépriser la divinité, c'est se rendre indigne de la protection des lois.

O sainte alliance des rois, vous préservez les états de l'anarchie et du libéralisme, votre politique est forte, elle surveille les méchans!

Des monarques justes et religieux écoutent la voix de la grâce. Donner un enseignement moral, plus chrétien que philosophique, plus harmonieux que profane, plus solide que brillant, c'est encourager les vertus.

Tout refleurit dans les champs, après une douce rosée. La terre a son bel ornement, les aimables chantres des bois voltigent de branches en branches, la verdure ravit, et la nature parée de son brillant diadême, annonce la puissance du très-haut; dans l'ordre social, après les cruelles agitations, après l'aridité de l'esprit, la sécheresse de l'âme, on trouve des consolations à la source de la piété.

Vous consultez les besoins des sociétés, ô dignes monarques! C'est la croyance, le commerce et la culture qui donnent les assurances du bonheur. La véritable opinion s'exprime avec bonté. On ne peut s'empêcher de l'aimer, à son air respectueux, à ses désirs de compléter sa félicité; mais aussi que de devoirs à remplir de la part des sociétés !

Le monde ne peut avoir d'autre intérêt que sa prospérité. Pour être riche et heureuse, une société ne doit jamais se soulever contre le pouvoir établi par Dieu même.

La puissance féconde tout; tel le soleil par ses rayons échauffe la terre et fait produire nos utiles végétaux, tel le royal pouvoir conserve, entretient par ses dons créateurs, sa tranquille patrie !

Que de belles images dans mes romances, c'est la vigilance du coq, c'est le vol rapide de l'aigle, tantôt la force du lion. Veillez, ô rois actifs et guerriers, pour empêcher les mutins, les paresseux, les impies enclins à la sédition ! Parcourez par la pensée la grande étendue des cieux, et descendez avec vitesse sur les pays; comme le lion, montrez et la prudence et la force; alors vos peuples adorant la divine providence, béniront vos règnes glorieux!

Où en seraient les sociétés, si de mauvais sujets, lâches et impies, tourmentaient sans cesse le monde policé? Où le commerce, ami de la paix, pourrait-il porter ses richesses, si l'on pouvait toujours contredire la raison sainte? où le cultivateur conduirait-il sa charrue, si son champ n'était plus respecté? où la religion trouvera-t-elle un autel, lorsque l'impiété vient jusqu'aux portes du sanctuaire outrager ses ministres?

Voûtes du temple de mon Dieu, retentissez de mes chants lugubres, le ciel se venge!!! O voûtes, vous n'entendez plus les chants de la concorde, les hymnes de ma charité, les saints prêtres ne trouvent plus cette foi de l'antique église. — Une pensée m'afflige; la sainte *intolé-*

rance qui maudit l'athéisme et l'infidélité, l'intolérance incapable de tolérer les erreurs, les hérésies, les abus, les révolutions, s'est élevée vers le ciel. La foi parlait à l'âme; Dieu, tout amour, oubliait les péchés, lorsqu'auprès de son ministre on s'accusait; mais ce Dieu bon et terrible ne peut adopter la *tolérance chrétienne*, et la foi souffre. Prêtre, comblé des dons d'un prince catholique, je m'accuse publiquement de n'avoir pas compris votre discours de la *tolérance* civile, chrétienne et philosophique. Père de l'église, membre de l'académie, pardonnez-moi, j'ai péché.

On était heureux dans la foi, sous les règnes fortunés de Louis XIII, de Louis XIV, de Louis XV, au commencement du beau règne de Louis XVI. Sous celui de Louis XVIII, nous allons, couverts de la gloire royale, pratiquer les vertus publiques et privées, et la morale religieuse reparaît déjà dans les colléges.

Sur l'autel du Dieu rédempteur, offrez l'hostie pure pour la cour et ma patrie, prêtres de la foi; chantez cette providence qui veille sur le jeune prince, beau comme l'amour divin, la joie de nos villages!

Je dois émettre une opinion inconnue aux publicistes ignorans et révolutionnaires.

Un peuple ne peut compléter sa félicité sociale que par des lois en harmonie avec les mœurs chrétiennes. La politique n'est plus celle de *l'Esprit des lois*. Ce recueil serait nécessaire aux États-Unis d'Amérique. On trouve trop souvent l'esprit des Romains, l'indépendance et les libertés, sans les puissances. Les fantaisies bizarres, les trompeuses apparences, les fantômes qui troublent et flattent, les idées extravagantes ne conviennent point à l'esprit du siècle. On demande plus de morale, plus de connaissance, dans l'immuable foi. Quelle est la solide politique? celle de la sainte-alliance, où les rois se garantissent leurs couronnes, cette politique qui donne à chaque gouvernement le bonheur et la fidélité.

O politique qui reconnaît les droits, qui distingue les différentes conditions humaines, vous flétrissez la mauvaise politique. Telle une fleur faible et tendre se flétrit et disparaît aux rayons brûlans du soleil.

Les principes politiques étant des principes d'ordre et de justice, on doit fortifier la jeunesse et même les hommes âgés, et publier cette maxime : la seule éducation qui convient aux sociétés humaines, aura, pour premier devoir, l'obéissance. Les sciences sont belles sans doute; cet avocat connaît à la vérité le droit et il ignore la loi du ciel. Ce docteur charme ses malades par ses entretiens libéraux, mais où prie-t-il le Dieu de la santé? Cet académicien nous donne de mauvais ouvrages ; s'il aime la gloire, il la verra dans la religion ; si son ambition le porte aux honneurs, les honneurs sont dans la composition sainte.

Les états se perdent toujours par la faiblesse et l'indifférence. Sur les trônes actuels, que de vertu, de courage ! L'empereur d'Allemagne a reçu du ciel la vertu et les dons de la sagesse, il ne pardonne point au crime quel que soit le criminel. Tous les monarques de la sainte-alliance ont reçu mes hommages.

L'épée des rois fait la gloire des peuples. Le courage empêche le désordre, l'épée royale soutient la couronne et protège la loi du ciel. Plus on accorde à l'audace, plus l'audace demande. La révolution aime le sang et les sacrifices humains ; comme le vautour elle déchire sa proie, comme le tigre elle est impitoyable.

Cruels ! que vous êtes aussi ridicules !

Ne voyez-vous pas comme les révolutions sacrifient tôt ou tard leurs auteurs? Où sont les chefs d'insurrection? La terre les couvre, le mépris juge leurs écrits et ma parole ne sera jamais perdue; ingrats! vous aviez tous les dons du prince et vous le trahissez. Imprudens! tels sont vos sentimens; tourmenter le monde, affliger l'église et renverser les trônes; perfides! songez à votre salut....

A la place de l'ordre, que veulent offrir tous ces rebelles? La guerre civile, la misère. Revenez à l'honneur, témoignez votre amour et vos respects, gémissez des peines publiques, et lorsque les souverains de la sainte-alliance offrent le bonheur à leurs sujets, ne troublez plus l'Europe.

On n'a jamais bien réfléchi sur les maux de l'impiété. L'impie occupe un poste qui demande des mœurs. L'ingrat a beaucoup d'or, et il ne connaît point la vertu reconnaissante; l'homme salarié n'existe que par la générosité du prince.

O vous dont je fais souvent les portraits, vous, mauvais publicistes, écrivains dont le style lâche et sans dignité ne peut supporter mon attention, parlez d'une manière noble de la religion. Vos discours de ce côté n'ont aucune élévation. Sous le prétexte de budjet vous professez l'athéisme, l'incrédulité; est-ce ainsi que les hommes chrétiens doivent agir?

C'est vous, ô rois, qui agissez avec prudence et majesté... Que vos devoirs sont doux, quel plaisir de rendre les sociétés heureuses! Encore quelque temps et vos sujets reconnaîtront que la toute puissance vient de Dieu.

Attaquer les principes monarchiques, c'est attaquer la Divinité. Rois, soutenez l'honneur des trônes, portez, ah, portez toujours le sceptre pour la gloire de vos peuples! vous verrez combien la vérité a de puissance. Accordez aux sujets fidèles tout ce que l'honneur et la religion demandent. Le premier besoin des sociétés, trop long-temps affligées, c'est de trouver le bonheur dans la paix et les libertés générales : le respect pour les augustes personnes se manifeste partout.

Les flots agités par Borée se confondent dans la mer d'où ils s'élevaient pour ne plus se rassembler les uns sur les autres. Après avoir souffert tous les tourmens de l'anarchie, les peuples rentrent avec joie dans l'obéissance.

Que les révolutions sont affreuses ! elles n'ont jamais produit aucun bienfait : tourmenter la terre, agiter violemment les états, conspirer contre le Tout-Puissant et contre les rois, voilà les cruelles révolutions.

Nous avons nos libertés pures et respectueuses, attachées au trône monarchique ; elles plaisent au Très-Haut.

Les vœux publics sont pour la cour

et la gloire de la charte. L'alliance européenne rend hommage à la puissance du roi des Français. Tout m'enchante dans la nation et les trônes. J'entends le concert du bonheur, et la charité a aussi ses désirs; au village nous chantons l'ordre et la paix, et les montagnes comme les vallons annoncent par leur fécondité la douceur de l'atmosphère.

La plus belle combinaison des souverains dispose à l'ordre. L'Europe ayant beaucoup de catholiques, sera bientôt la grande Europe chrétienne. Les Turcs, rappelés par les cabinets de la Sainte-Alliance, aux idées justes et charitables, tempérant l'àcreté de leur humeur sauvage, adouciront leurs mœurs, et appaiseront leur courroux; alors le divan changeant sa politique sombre et retenue apprendra comme les mœurs politiques et le droit des gens ont de charmes; le monde, plus heureux, parce qu'il sera plus doux et plus instruit, connaîtra les saintes libertés données par Dieu aux hommes.

Le bonheur général des nations produira les meilleurs effets. Les sujets s'appliquent à chanter l'hymne de la reconnaissance ; réunis par la charité universelle, leurs cœurs et leur esprit aimeront la raison céleste, l'ordre et les événemens heureux.

C'est un miracle du ciel, sans doute, mais ce miracle doit arriver. Les Grecs, rappelés au devoir par l'auguste congrès, formeront un état prospère.

Vous méritez des louanges, ô grands monarques, pour votre sagesse et vos lois ; vous saurez maintenir les peuples révoltés, et votre constante politique parviendra à calmer les passions vengeresses.

La paix étant nécessaire à la prospérité du commerce, à la richesse agricole, combien vos jours seront heureux ! ô sujets infidèles, une félicité régulière comme l'ordre suprême, aura le suffrage de tous les hommes d'état appelés à gouverner le monde.

O influence de la puissance divine ! O charmant avenir ! O humanité, fille du ciel, votre gloire brille dans l'univers. Humanité, plusieurs ingrats vous appellent : souvent même votre mot est sur leurs lèvres, mais les misérables ne connaissent point vos prodiges. O sainte humanité, vous êtes sensible aux peines, aux afflictions, aux malheurs de la terre ! Venez, douce humanité, venez partager les fleurs de la grâce !

La politique de l'Europe donne de belles pensées ; pour étudier cette sage politique, il faut que les étudians se forment à l'ordre et à l'obéissance, et qu'ils sachent combien les libertés sont précieuses avec les fidélités et les devoirs.

Cet élève en médecine voudrait bien parler des constitutions, mais cet ignorant ne distingue aucun pouvoir, il ne respecte ni Dieu, ni les grandes autorités; notre politique européenne lui apprendra *les dangers de l'impiété.*

L'écolier parle comme un publiciste de la *Minerve*, il nourrit son esprit de la lecture du *Pilote*, qui rame au milieu de la Mer-Rouge, ou des *Débats*, journal constitutionnel, rédigeant ses articles sur la *puissance royale*, de cette manière : *royauté constitutionnelle*, *ordre constitutionnel*, etc. (En ce mois de juin 1822, je lis sur l'autorité du monarque, la phrase constitutionnelle).

Dites, ô mauvais écrivains, un *roi constitutionnel*, mais ajoutez roi légitime, roi par le droit divin.

Ainsi, l'on abuse les cœurs en voulant tromper les esprits. Il est une puissance au haut du ciel qui fait les rois. La destinée des empires repose sur le respect, par les majestés. Tous les malheurs ont été dans l'absence du principe monarchique. Apprenez vos devoirs, ayez cette élévation, ce jugement, cette grâce des cieux.

L'obstacle à la prospérité des nations, vient de l'impiété et de la paresse. Par l'impiété, le peuple, ignorant et débauché, se livre à tous les crimes; pour l'encourager à la tyrannie contre le ciel et les rois, on le nomme *souverain*, on l'appelle à l'insurrection, à la révolte. Ce peuple forcené méprise le bon peuple laborieux.

O lie des sociétés, honte du monde civilisé, écume des nations, tu es privée de sens et de raison; sans doute, ta conduite afflige la religion, mais les plus coupables sont les intrigans qui te soulèvent, pour te porter à la rébellion. Pouvoir ecclésiastique, il vous appartient de régénérer les cœurs; ah! faites entrer dans le temple du Dieu vivant ces hommes qui ignorent les premiers élémens de notre sainte religion!

Quelle douleur d'être témoin des crimes révolutionnaires, de la désobéissance et de l'infidélité! La corruption se trouve dans les classes populaires; les dimanches et fêtes la débauche insulte au Seigneur et aux lois divines.

Vous demandez où sont les obstacles au bonheur, à l'ordre?................. Ils proviennent du libertinage et de l'affreux libéralisme; les peuples stupides et irréligieux commettent tous les crimes. Tantôt c'est le pouvoir royal que l'on poursuit, tantôt les ministres, tantôt les chrétiens, tantôt la piété.

La piété, cette douce piété qui prie pour les états, cette piété céleste don de la foi doit régner sur les trônes!

Le monde sera toujours malheureux par l'ignorance et l'athéisme! Puissance suprême, vous avez placé le pouvoir civil pour le maintien des mœurs, pour la tranquillité domestique, pour l'honneur des villes et des hameaux. Que ce pouvoir civil propage la morale! plus proche du peuple, il peut beaucoup sur les classes indigentes. O pouvoir civil! pouvoir dont on ignore l'influence, combien il serait glorieux de coopérer à la foi publique, engagez les hommes à travailler : par vos soins et votre autorité, veillez dans nos communes et dans nos villes afin que la moralité triomphe. Tout dépend de votre pouvoir, la religion ne transige point avec l'oisiveté, ni la justice avec l'irréligion.

Depuis long-temps les sociétés sont malheureuses; le peuple, abandonné à ses volontés, est le plus grand tyran des monarques et des libertés publiques. Semblable à la bête malfaisante, il deviendrait féroce, s'il n'était pas instruit de ses devoirs envers son Dieu et son prince. Le midi atteste combien le bas peuple a d'audace.

Je ne connais qu'un moyen pour empêcher les révolutions : *l'instruction chrétienne.* Faites comprendre aux hommes impies que tout dans la nature adore Dieu. Les oiseaux chantent le Dieu du printemps; la terre rend témoignage à celui qui la couvre d'épis dorés, de fleurs et de verdure; dans les cieux tout est harmonie, tout parle du créateur, tout dit : *Le Très-Haut mérite nos hommages.* Eh quoi! quand tant de merveilles enchantent, les peuples révolutionnaires seraient-ils les seuls ingrats? Quoi! ce Dieu qui forma les cœurs, se voit offensé par des cœurs pervers! Quoi! l'infidélité refuse de reconnaître son bienfaiteur! Quoi! tant de stupidité et tant de misère ne donnent aucun chagrin à la société! Ah! malheureux les états où l'ingratitude a des autels, où l'on oublie les devoirs sociaux, où la nature humaine tyrannise la foi!

Quel plaisir me donnerait un peuple

fidèle à son Dieu, soumis à ses rois! mon cœur peut se nourrir de cette espérance. Oui, la grâce triomphera; oui, le temps n'est pas éloigné, où les habitudes honnêtes, l'amour du travail et la piété se trouveront au village et dans toutes les villes; oui, la félicité sera le prodige de l'enseignement chrétien.

C'est une grande erreur de dire que l'on peut vivre en société sans religion; ceux-là sont bien coupables, qui perdent le peuple en le flattant.

Comme les caractères sont changés! Cet homme, les yeux irrités de la gloire chrétienne, rugit contre le ciel. Cet infidèle s'exprime d'une manière outrageante. Ce comte F., toujours en colère lorsqu'il parle de la divinité, du *budget* ou des ministres, ne sera jamais le sujet de mes chants... Cet autre déclamateur sans génie, sans connaissance de la véritable politique, me scandalise trop.

Dès l'instant que la fidélité s'évanouit,

il n'y a plus d'honneur, plus de délicatesse. C'est la délicatesse qui donne les grâces de l'esprit, les charmes de l'éloquence. La délicatesse honore le sentiment, et les cœurs délicats s'empressent de témoigner leur reconnaissance à l'auteur de tout bien.

Nous avons éprouvé tous les tourmens des révolutions; qu'une véritable liberté rende le monde heureux! Nous l'avons cette liberté, elle existe dans les cours, auprès de la justice, sur les montagnes et dans les vallons. Libres par la grâce, vivons plus honnêtes gens.

Le gouvernement représentatif a quelque chose de populaire; le droit d'élection, le droit de pétition, le droit de parler sur le budget, ce gouvernement attache aux liberté publiques; mais je désire plus de calme, plusde dignité dans les assemblées représentatives. Les autres gouvernemens, dont les systèmes ne sont pas nouveaux, ont aussi leur souveraine félicité. Ce sont les grandes institutions qui réunissent les pensées religieuses, et avec les idées d'une éternité, d'un Dieu juste pour les bons, terrible pour les infidèles, on ne trouble point l'ordre social.

Cessez, cessez, odieux écrivains, de mettre en *œuvre* le peuple, pour l'engager à mépriser les autres états. La populace, une fois agitée, séduite, est très-furieuse; rien de sacré pour la misère oisive. Donnez plutôt des leçons de vertus, de crainte de Dieu, d'amour du travail.

Les obligations sociales sont grandes; ces obligations naissent des *droits* et des *devoirs*. Vos droits, ô peuples, sont dans la liberté équitable, dans l'opinion chrétienne, dans la moralité. Les membres d'un état doivent vivre pour la patrie et pour leur prince. Vos devoirs résultent de vos droits; comme vous pouvez parvenir aux places, discuter et comparer des discours, vous devez l'obéissance à l'autorité royale. Vos devoirs envers Dieu sont dans l'intérêt de la grande société. Sans foi que de vices! vices publics qui portent la corruption dans le corps politique; vices particuliers, produits par l'impiété, par la paresse, par le jeu et la débauche!

Le torrent qui se précipite du haut d'un rocher à travers nos vallons, ne cause pas plus de dommage à nos terres, que celui de la cruelle anarchie tombant dans le champ fleuri de la foi.

Qu'elle est douce et puissante cette foi chrétienne, donnant au monde toutes les espérances.

De là ces sentimens tendres et charitables, ces momens de bonheur, cette sublime politique, ces doctrines consolantes, ces principes conservaseurs.

La conservation des membres sociaux dépend donc de la religion du Christ. Rappelez donc aux hommee cette maxime : « *Les sociétés se conservent par les*

» *institutions positives, par les lois divines et les ordonnances royales.* »

Dans la politique de la *Sainte-Alliance*, j'aperçois le génie du ciel rapprochant les nations de l'Europe par la croyance et l'amour de la paix. Charlemagne avait aussi ce projet; c'est celui de l'honneur chérissant la gloire.

Tout se réalise d'après le chant divin du prophète. Si je considère le ciel, rien de plus beau; c'est au Dieu créateur que le soleil doit son existence; si mes regards se portent sur les plaines fertiles, les coteaux tapissés de verdure, en voyant tant de beautés, je dis : le Dieu des mortels s'est aussi appliqué à donner aux hommes des lois pour maintenir les sociétés politiques; mon devoir, berger ou roi, sera d'obéir fidèlement, ou de commander en père et en maître.

Les hommes sont vicieux ou sages, d'après la force ou la faiblesse des institutions. Lorsque l'éducation populaire sera confiée à des maîtres semblables aux frères des écoles chrétiennes, à des maîtresses pieuses et charitables telles que les *sœurs de la charité*, assurez-vous du bonheur.

Les conditions de ce bonheur sont dans la croyance, dans les pensées honnêtes. Ce que l'on apprend fort jeune se conserve jusqu'au tombeau. Avant la funeste révolution chaque famille avait un ou plusieurs prêtres, et ces bons prêtres inspiraient à leurs parens l'amour de l'éternel et la fidélité au monarque.

Les rois sont les pères de leurs peuples, ils connaissent ces grands rois que le Dieu des mondes a donné aux hommes rassemblés en sociétés, des droits et la sage liberté; mais comme l'ordre ne peut exister dans les états que par les lois et la religion, la justice et les prérogatives, il faut reconnaître les titres augustes et obéir aux ordonnances suprêmes.

Dans un état monarchique les lois doivent être fortes et chrétiennes; l'empire de la raison divine a beaucoup de puissance, et les hommes vivent heureux sous la protection du ciel.

Du midi au nord la cruelle révolution, semblable à l'hydre aux cent têtes, a montré ses dards empoisonnés. Rien n'a été respecté : les autels renversés; les statues des rois de France profanées; la mort et la pique, le fer et les cannibales ont tout détruit. Le Dieu de vérité, le Dieu de lumière, le saint des saints a été outragé. Cette mère impie montrait le soleil à son fils, en lui disant : *voilà ton Dieu, je suis du culte du soleil.* Ce père apostat représentait l'Être suprême comme un être tranquille, indifférent, le Dieu des atômes. Le monde a été humilié, affligé. Il est temps pour les gouvernemens de faire adorer le Dieu de majesté. Il est temps d'empêcher l'impression des ouvrages, qui compromettent l'honneur des trônes et l'honneur des peuples.

Le *Code de la nature*, l'affreux *Miroir* et le *Diderot* sont des écrits pernicieux. Français ! Français ! aimez votre roi ; France, ô France, sois heureuse par ta foi ; et vous, peuples de l'univers, croyez que les empires existent par la piété et une jurisprudence parfaite et inflexible.

Dans nos ouvrages sur la *Sainte-Alliance* et le *Triomphe des rois légitimes*, nous avons satisfait notre patrie et l'Europe sur les points de morale et de politique ; nous désirons prouver aux rois, lorsqu'ils seront assemblés pour discuter les grands principes, *que les états se conservent par la vertu et la justice.*

La politique généreuse, loyale, chrétienne et énergique des rois, doit amener un ordre nouveau. Heureuses les nations sous les gouvernemens royaux, elles aiment la fidélité.

Bénissez votre sainte religion, ô sujets de Louis XVIII ! célébrez vos saintes institutions, soyez à jamais heureux sous le sceptre légitime des Bourbons. Le Dieu tout-puissant fait triompher votre gouvernement. La faction impie tombe sous les lois de la religion.

Qu'elle était indigne cette conduite des ennemis de l'ordre! Factieux, vous osâtes attaquer Dieu et les rois! c'est l'enfer qui conduisit vos infâmes projets. Perfides! apprenez à respecter la religion, les diadèmes et les lois. Ingrats! vous oubliez les bienfaits.

Sous le règne de nos grands rois on voyait de grands hommes; aurait-on souffert des journaux semblables au *Courrier* au *Const.............*, au *Pilote*? Ce vilain *Miroir* aurait-il rassemblé toutes les figures impies. On voit actuellement des romans, des brochures séditieuses, des pièces de théâtre immorales, l'*Histoire des empereurs*, la *Morale appliquée à la politique*; tout ouvrage digne des *vertus* de leurs auteurs. Il n'est pas éloigné ce temps où nous verrons le sublime, l'éclat des images, les idées divines, la pompe de la piété.

Combien sont doux les fruits de la foi! Combien la religion a de puissance! Combien la société est heureuse en observant les lois divines, et en respectant les rois!

Ce principe éternel qu'il faut des mœurs dans un état, trouve ici son application. Le vice règne quand la vertu n'a plus de vigilance, et l'infidélité attaque les trônes quand les trônes ne sont pas fermes sur les bases de la religion.

Cette divine religion, je lui ai rendu des services, et les trônes eux-mêmes ont dans tous mes livres des droits à nos respects. Je composais toujours dans l'intérêt du bon ordre... Combien d'individus comblés de dons, décorés, salariés par l'état, pensionnaires de ce même état, ont été récompensés pour leurs *petits* services. Il est temps de s'expliquer; le siècle où nous vivons offre à l'homme dévoué à l'église et au trône, une couronne d'immortelle. Nous ne demandons que la grâce de Dieu. Les sacrifices pour le triomphe des principes religieux et monarchiques, ne sont jamais assez grands. On nous dira, vous avez fait votre devoir; d'autres, peut-être, s'expliqueront autrement. Ce n'est point une folie de célebrer l'éternel et les diadêmes. Nous profitons de la grâce, ce bonheur suffit.

Il est bon, disait Tobie, *de cacher le secret du roi;* mon roi sait distinguer le mérite, de sa bouche royale il souffle sur la fleur modeste pour la faire briller au milieu des autres fleurs.

Je me souviendrai toute ma vie des soins que les monarques prennent pour la prospérité des peuples, et pourquoi tant d'ingratitude des sujets? Pourquoi cette tyrannie des impies, cet acharnement contre l'ordre? Pourquoi ce mépris des lois?

Les lois politiques, pénales, rurales,

civiles et municipales, complètent la bonne législation.

Par les lois politiques, les trônes ont leurs dignités, le peuple ses garanties, la diplomatie ses secrets, l'ordre sa beauté.

Les lois pénales arrêtent le crime, vengent la société et punissent les coupables.

De bonnes lois rurales empêchent le brigandage des bois, l'anticipation sur les propriétés, elles garantissent les possessions.

Dans les lois civiles, tout est réglé pour les successions, les testamens, les droits et les usages.

Ce sont les lois municipales qui peuvent contribuer à l'amélioration des mœurs. Dans les communes, que de bienfaits à répandre, que de soins des magistrats municipaux, combien de telles lois assurent la félicité des hameaux?

Lorsque toutes les dispositions de la

législation sont parfaitement remplies, on doit s'abandonner au plaisir de l'ordre et chérir les états.

N'aurez-vous donc jamais le sentiment de la conservation sociale, ingrats et séditieux? Faudra-t-il sans cesse insulter à la raison et oublier la loi de la nature [illegible]lus forte que la loi civile ?

Cette [illegible]ne loi de la nature parle à [illegible] consc[illegible]ce. Elle dit : « N'oubliez pas d'off[illegible] *au conservateur des mondes, et vo[illegible]résens et vos prières*. Le temps [illegible]gard[illegible]'éternité, le temps prouve sa [illegible]on[illegible]ssance. Les frais bocages, les [illegible]s [illegible]toresques, les charmantes val-[illegible] sombres forêts, le silence de la n[illegible]s beautés du jour, les orages et le[illegible]ées, le tonnerre ou l'arc-en-ciel, to[illegible]it : Le créateur immortel est av[illegible] la lumière, son nom doit être ad[illegible] Et vous, ingrats et oisifs, impies et [illegible]elles, vous trompez votre conscience.

Quand la conscience agit d'après la foi, elle s'exprime pour l'ordre et le bonheur; toutes les actions publiques et privées sont dans les sentimens de la reconnaissance.

Au milieu du monde chrétien, on trouve l'athéisme portant un poignard pour l'enfoncer dans le sein de la religion; on voit aussi l'anarchie la hache à la main, ébranlant l'édifice social. Quelle puissance peut foudroyer des ennemis contraires à l'ordre des nations? C'est vous, ô dieu vengeur! Dans ces temps toutes les séductions, tous les forfaits, les sacriléges, toutes les calamités tombent sur les monarchies! Sont-ils arrivés les jours prédits par vos prophètes, jours de douleur, d'abomination, jours où le feu et le tonnerre doivent changer l'univers?... Les trônes, les royaumes, les états s'écroulent-ils? Tant de malheur, tant d'infidélité, tant d'irréligion affligent vos élus. Pardonnez en considération de la *sainte-alliance* dont les principes nobles sont dignes de vous. Pardonnez au monde monarchique!

Les droits des nations sont reconnus diplomatiquement. La *sainte-alliance* manifeste l'opinion des sociétés chrétiennes. Dans ces sociétés les hommes pieux et instruits confondent leurs sentimens dans l'opinion des trônes, de là cette grande question du droit des gens. Ce droit attache les gouvernemens au pacte général, et l'opinion publique qui reçoit son autorité de la vérité éternelle, triomphe.

On sollicite l'éternel par des hymnes et des cantiques pour les biens de la terre, pourquoi fermer les yeux sur les malheurs publics? Pourquoi ne pas, par des prières universelles, demander au seigneur la conservation des royaumes?

Les féroces révolutionnaires n'ont aucune idée religieuse : dans leur fureur ils invoquent le néant; tout vient du hasard, dit ce stupide écrivain. Insolent, vois l'ordre des saisons, les vapeurs de la terre qui s'élèvent dans les airs, pour descendre en rosée ou en orage; vois la mer filtrant ses eaux pour remplir et nos sources et nos rivières et nos fleuves, et dis encore : tout est matière. Malheureux! reviens aux rafraîchissemens de la grâce, à la fraicheur de la foi, jouis du doux zéphyr de l'espérance?

C'en est fait du monde, tout est perdu sans les mœurs publiques et les idées chrétiennes : l'éducation des frères des écoles religieuses forme la jeunesse à la fidélité. Ouvrez dans tous vos états de pareilles écoles et vous verrez renaître l'obéissance.

Le droit public doit se reconnaître à nos principes. Nous allons décider les hautes questions sociales. D'après la *sainte-alliance*, les peuples sont dans le même sentiment de se secourir, de s'aider par l'ordre de la charité divine;

sans autre intérêt que la paix et l'ordre, ils doivent empêcher toute révolution.

Nous avons reconnu tant de zèle, tant de piété, tant d'amour pour les peuples dans les hautes puissances, qu'il faut enfin croire au bonheur.

Qu'est-ce que la véritable politique? Celle qui assure à chaque gouvernement le bonheur, le travail et l'ordre; c'est cette politique qui observe toutes les obligations sociales, tous les devoirs de la vie civile; cette grande politique respectera le principe legitime, suivant toujours la raison, conduite par la religion, appliquée aux intérêts des royaumes ou des gouvernemens représentatifs, consacrée par devoir à maintenir l'honneur et la gloire; cette noble politique prend connaissance de tout ce qui peut rendre la vie heureuse.

Dans l'état actuel, un peuple sage voit avec satisfaction son prince prendre des mesures pour la stabilité du royaume.

Tel un vent doux souffle dans les branches du chêne pour agiter doucement ses feuilles, tel le mouvement agréable de la diplomatie donne un air ravissant au monde chrétien.

Dieu a diversifié la nature, de même il a varié, changé les formes des gouvernemens.

Nous avons traité, dans le *Triomphe des rois légitimes*, cette intéressante question. Par les mœurs, le climat, les pensées, la position, le créateur a donné plusieurs façons d'exister heureux dans la fidélité.

Ce royaume ne peut jamais se constituer en gouvernement représentatif, sa force militaire s'oppose à cet établissement. Ce beau royaume du nord a une grande étendue, ses peuples sont laborieux, braves, fidèles; il est régi par un prince généreux et bienfaisant; où trouver plus de bonheur? L'état moins populeux a des lois publiques, sacrées et éternelles ; actif, respectueux, le peuple de ce royaume ne pense point à la représentation. Tristes révolutionnaires, abandonnez vos chimères, gardez votre or, livrez-vous au travail et faites pénitence !

Dans la Turquie, le système politique doit nécessairement changer après la guerre ; cette guerre a procuré aux ambassadeurs chrétiens de prouver au divan, la beauté du principe conservateur.

Les bonnes doctrines donnent les bonnes mœurs.

Que les monarchies héréditaires s'appliquent à faire fleurir le commerce, que les tarifs ne soient pas prohibitifs, que l'art de Cérès prospère par l'encouragement, et les nations bienheureuses béniront le Dieu de toute vérité.

La *sainte-alliance*, pénétrée de ce principe, que les idées religieuses préparent les générations à la fidélité, la *sainte-alliance* affermira tous les trônes ébranlés par l'insubordination.

Sauvez le monde, ô Dieu des temps, sauvez votre religion que les impies outragent; sauvez les couronnes, donnez aux états les hautes vertus, les brillantes théories administratives; donnez aussi les vérités pratiques; les libertés publiques sont sur les trônes, qu'elles soient encore sur toutes les mers!

Trident de Neptune, de tes trois branches désigne aux humains les extrémités du liquide élément; dans ces jours de paix générale les drapeaux des souverains qui ont une grande marine, doivent flotter sur les mers d'un globe libre et fortuné. La marine puissante soutient un royaume commerçant, elle occupe les sujets et le négoce s'enrichit des produits étrangers. Rendez vos marins saints et fidèles, ô Dieu de grâce, ils ont une âme et beaucoup ignorent votre divinité. Dans les ports et sur les rivières que de blasphèmes contre le ciel! les matelots doivent être instruits dans la foi, pour supporter les peines de la navigation et s'attacher à l'eglise. Cette éducation très-intéressante a toujours été négligée.

Les prospérités sont dans le travail et la prière. Sur mer, le capitaine du navire doit montrer l'exemple ; sur terre le ministre comme le financier ont des devoirs à remplir, il existe un principe d'ordre public; remerciez le seigneur, homme de village, pour les biens de vos terres; remerciez le seigneur, braves Suisses au service d'un roi respectable, soyez fidèles au trône, imitez vos héroïques concitoyens du 10 août. Aimez Dieu, femmes des villes, occupez vous dans votre ménage. « Au hameau la fermière, dans sa » laiterie, veille à sa crême, son laitage » est en bon ordre, la bergère a son » travail, et l'on bénit la providence ».

L'ordre moral se reconnait dans l'habitude économique, dans l'esprit du travail, dans la paix du ciel et dans le bonheur.

Au village les mœurs doivent être pures comme l'air embaumé des vergers; et l'opinion des cultivateurs sera toujours l'opinion de Dieu et celle du roi. Lorsqu'un gouvernement donne toutes les assurances, tous les gages de félicité, ô mes concitoyens, n'ouvrez jamais vos cœurs à l'imposture et à l'impiété ! aimez les ministres dévoués à l'etat monarchique, à la charte royale, et n'attendez le repos que du père de famille !

Les mœurs fleurissent dans tous les royaumes où la puissance de la raison céleste exerce son influence sur l'opinion nationale.

Ce serait une nation bien cruelle que celle toujours agitée pour combattre les lois divines et les prérogatives royales. Une société deviendrait sotte et barbare sans la protection de la justice et l'autorité d'un roi sage. Peuples, quand vous entendez des hommes parler continuellement des libertés, offenser les libertés, déclarer la guerre à Dieu et aux grands pouvoirs, méprisez ces agitateurs.

Dans les gouvernemens représentatifs ce qui doit nous occuper sérieusement, c'est le bon ordre. Les disputes, les propos incivils, les déclamations contre les pouvoirs, les mauvais discours ne produisent que des malheurs. Nommez, lors des élections, des députés sages et religieux. Dans notre département de l'Eure, beaucoup de royalistes désiraient des hommes chrétiens, doux; mais ce qui fut plaisant, ce cher département, *travaillé* par les libéraux, eut dans ces temps un Bignon, un Dupont de l'Eure. Cherchez toujours des citoyens qui prient Dieu; l'homme le plus soumis à la foi doit l'emporter sur l'homme irréligieux. La religion des trônes s'alarme du libéralisme.

Que le précieux flambeau de l'église brille un jour sur la tribune politique. Nommez des ministres des saints autels;

la vérité délicate, unie à l'éloquente liberté de Dieu, rendra justice aux vues du maître de la France, et la nation aura toutes ses glorieuses attributions.

La politique de l'Europe entière aura la loyauté et la morale; nous verrons bientôt les intentions les plus pures, couronnées de succès. Les peuples trouveront les prospérités dans l'amour du travail et dans la croyance.

Les temps d'ignorance et de grossiéreté passent, la foi catholique donne toutes les espérances, la raison supérieure à toutes les feliciter, elle se forme par Dieu.

Les souverains ont montré leur sagesse en s'unissant contre l'impiété. L'Égypte et Rome, la Grèce et la grande *Babylone* ne sont plus, et c'est à leurs systèmes impies, à leurs mauvais discours politiques, à leurs extravagances contre Dieu et les libertés, que Dieu trouva les moyens de les punir.

C'est bien déplorable de voir les hommes se déchaîner contre l'église et les rois. Mangez votre pain tranquillement, semez vos terres, occupez-vous du commerce, voyagez même pour connaître les mœurs, pour vos intérêts, mais ne soyez pas *commis-voyageurs* pour troubler l'ordre.

Voulez-vous être heureux, peuples de l'Europe? honorez Dieu, soutenez les prérogatives et appuyez la justice, c'est dans l'ordre et la fidelité, dans l'instruction pieuse et dans l'occupation que le monde trouve les douceurs de la vie.

Ceux qui empêchent le bien public, sont des infidèles. Faites tout pour la patrie et pour votre roi, et le gouvernement sera prospère. N'est-il pas temps d'embellir l'existence sociale des roses de la grâce? Portez aux pieds des autels et votre parfum et vos prières; cessez, mauvais orateurs, de fatiguer les états. Que m'importe de savoir qu'un marquis Lafayette a été avec Washington conquérir les libertés aux États-Unis de l'Amérique; ces libertés et les malheurs de cette indépendance ont affligé la France.

Toute innovation populaire est dangereuse. Dans l'intérêt des états civilisés, on doit respecter la puissance suprême. Les gouvernemens savent combien l'indépendance cause de malheurs ; et quelle indépendance, grand Dieu ! Les lois populaires ont-elles la douceur, la sagesse des lois royales?

Quand un peuple jouit de la tranquillité, qu'il a toutes les facilités du commerce, le bonheur de la religion, une politique sage et loyale; qu'il sache vivre heureux!

Que faut-il encore au peuple? une constitution en harmonie avec les doctrines de piété, des lois fortes et beaucoup de travail.

Évidemment, c'est une erreur de croire qu'un état peut prospérer sans les idées religieuses. Jusqu'à quand le monde sera-t-il trompé? Jusqu'à quand ceux qui aiment Sylla ou Andromaque, ignoreront-ils les beautés chrétiennes?

Rien ne peut remplacer la doctrine du ciel. Dans la position où se trouve l'Europe, on doit s'occuper d'une législation parfaite. Ce sont les bonnes mœurs qu'il faut encourager, ce sont les hommes sages que l'on doit honorer, c'est cette âme pieuse, ornement du monde, qui empêche le ciel de tonner, c'est à elle de prétendre à la gloire. Vous ne la connaissez pas, mortels aveugles.

Comme la nature végétale fait la beauté de nos champs, la nature divine compose l'âme pieuse.

L'autorité puissante doit rechercher le mérite, la science et la piété. Nos idées plus tard auront toute leur efficacité. On a vu tous les malheureux anarchistes prétendre au gouvernement du monde, et le monde a été malheureux. On a été témoin des désordres et de l'impiété, soyons aujourd'hui témoins de l'honneur que l'on rend aux âmes pieuses.

La piété sollicite Dieu pour les trônes, pour le commerce, pour la prospérité publique. Que de motifs d'aimer l'homme vertueux !

Cet étudiant impie offense l'état, il ignore ses devoirs; cet autre ne connaît que les tragédies sanguinaires, et il ignore la loi divine.

Pourquoi ces extravagances? elles sont fondées sur les livres impies qui rendent désobéissans et irréligieux.

Donnez aux peuples des instructions parfaites, enseignez aux élèves comment on doit respecter les gouvernemens des rois. Dites à ce jeune Francais que dans ce beau royaume le plus beau titre du monarque est celui de père; que tous les fils de saint Louis ont été intéressés au bonheur de la nation. Où serait le cœur français qui résisterait à cet amour national? Je voudrais que mon écolier joignît aux connaissances religieuses la musique divine et la science de la rime prophétique.

Qu'est-ce donc? l'homme sur la terre ne penserait point au ciel, il bornerait tous ses désirs à la terre. Mortel, élève-toi par ta pensée vers celui dont les rois et les peuples s'élèvent. Rends-toi digne de l'assentiment des gens d'honneur. Donne à l'église, aux sœurs de la charité et aux hôpitaux, plutôt qu'aux théâtres. Remercie un Dieu pour les grains recueillis dans nos campagnes; vois les montagnes et les vallées, les troupeaux et les fleurs, et reconnais la puissance céleste.

Rappelez l'homme à ses devoirs et il sera heureux. Rappelez à tout le monde combien la fidélité a de charmes; le mauvais citoyen est insensible aux affronts, il ne rougit point de sa perfidie; l'agitation lui plaît, les soulèvemens l'attirent.

Semblable au corbeau, il aime le sang et la contagion.

L'opinion européenne se manifeste; tout prouve le devoir de la subordination et le mérite de la justice. O gouverneurs des peuples, vous savez ce que vous devez à Dieu et à vos peuples; vos peuples doivent apprendre leurs devoirs envers vous.

La diplomatie a ses marques de loyauté et d'honneurs, ses images, ses signes d'ordre et de silence, ses symboles aimables.

La haute politique demande de la justice et de la force; il faut que les hommes qui vivent du pain de la patrie, adorent la patrie; dans les troupes l'obéissance ne délibère point; le sabre et l'épée sont pour la sûreté des trônes; je n'aime point les pétitions militaires, les *adresses* des corps armés, tels que ceux de cette malheureuse Espagne. Empêchez, ô puissans de la terre, cette anarchie soldatesque. C'est la plus cruelle : violer les lois de la discipline, se déclarer constamment ennemis de l'ordre public, c'est préparer des catastrophes épouvantables.

Est-ce ainsi que l'on assure le bon ordre? Persuadez-vous, ô soldats révoltés, de cette sentence éternelle : *Les constitutions se composent par les souverains et les hommes grands en sagesse et en prudence.* Les troupes doivent obeir au prince et combattre noblement pour lui et la patrie.

Quand les autorités agissent d'après l'opinion royale, d'après la justice, les gouvernemens sont heureux. Que d'intérêts sociaux à consulter, que d'intérêts divers à contenter! Avec de l'ordre les prospérités publiques sont certaines.

Aimez l'ordre national, respectez l'opinion religieuse, et par toutes les combinaisons morales et industrielles, vous aurez de la gloire, du pain et du travail.

L'ordre exerce son droit immortel pour empècher les troubles ; l'ordre a la liberté pour compagne, la liberté a ses droits, elle aime le travail, les études chrétiennes et la justice.

La justice a sa puissance d'ordre. Dans sa législation criminelle quelle dignité! toujours dans la dépendance de la loi, la justice criminelle punit les factieux. Peut-on craindre les erreurs humaines quand la sagesse conduit la justice? Ah! il est sans doute des fautes inséparables de la nature, alors les suites prouvent l'action rayonnante.

Les gens d'honneur et de religion, tous ceux qui chérissent l'ordre et la justice savent que les sujets impies sont ennemis des lois de Dieu et des lois des princes. On sait comme les rebelles s'agitent pour conspirer contre les trônes; malheureux perturbateurs, vous troublez le monde; dans votre cruel projet vous demandez la couronne d'or du prince, mais vous aurez la couronne d'épines du sauveur crucifié.

Sur ce globe qui peut devenir heureux s'il est habité par la loyauté, se trouve encore l'aimable piété. France, France, France, ô France! vois la piété descendre à ma voix. O piété, vous donnez le bonheur! piété, vous serez à jamais l'objet de mes prières; piété, richesse de l'âme, fruit du devoir, fleur agréable de l'ordre, rendez tous les états fortunés!

Le laboureur sème son champ, mais si Dieu n'arrosait... de même sans l'eau de la piété, le champ de la foi serait stérile. Demandez la piété et vous aurez la paix; demandez la piété et la religion triomphera; appelez la piété auprès des grands, donnez des places à la piété, et la piété fera descendre la grâce!

L'univers offre mille dons précieux, la terre s'enrichit par le travail; travaillez, vous avez la liberté; aimez le ciel et vos rois, vos maîtres et vos pères, ce sont vos devoirs et vos libertés.

Le monde est ingrat, impie, infidèle; le monde s'occupe dans les cafés de politique, dans les conversations de romans; cet homme ne manque pas à l'heure de la bourse, de là à la politique du *Constitutionnel*, en plein air, puis au spectacle, et de là....... Celui-ci intrigue, il voudrait la place du ministre, il accuse l'homme d'etat, mais l'homme d'etat a du caractère, de la piété.

La *Sainte-Alliance* ne peut plus dans l'intérêt des peuples, souffrir l'impiété. Tous les maux de la révolution sont dans l'irréligion. Quel que soit le culte d'un peuple, il doit prier Dieu pour avoir la véritable foi et les lumières de la charité. La plus belle conquête c'est celle de la piété; connaissez-vous un homme pieux? écoutez sa voix, il vous dira : *Les trônes ont été ébranlés par l'athéisme, c'est à la piété de reproduire la raison chrétienne.*

Aimez Dieu, fêtez vos rois, et vous verrez les felicités publiques, elles se composent des félicités particulières. L'état reçoit de grands trésors quand les campagnes sont fertiles, quand le commerce a beaucoup d'activité. Il est très-consolant pour mci de dire que l'état français aura une prospérité durable; du haut du trône jaillissent de doux rayons sur la cabane et la ferme, sur les cités... La France aura toutes les douceurs : fortunée sous un prince religieux, elle voit dejà le bon ordre et l'abondance.

Nations, vous avez été malheureuses, mais Dieu vous accorde comme, à la France, le commerce d'échange...... Obéissez à la voix de l'intérêt général, à la voix de vos libertés nationales...... Vous ètes libres de travailler, libres par la fidélité, libres sous les lois, aimez et fêtez vos souverains.

Les flèches de l'infidélité ont été empoisonnées par l'athéisme, et les traits détachés ont fait couler le sang des rois. Il vous sera très-agréable d'offrir des consolations aux maîtres que vous affligez. Aimez l'obéissance, le ciel vous l'ordonne; peuples, respectez la loi sainte, et obéissez aux juges de la terre.

Après toutes les commotions épouvantables, tous les débats publics, toutes les impiétés, on doit inspirer la croyance et donner une éducation religieuse à tous les citoyens d'un état royaliste.

Rois, vos couronnes ont été ébranlées par des monstres d'ingratitude et d'infidélité. Il semble que tout l'univers participa à ce grand crime. L'enfer conjuré contre les trônes, voyait avec une joie barbare, les débris du sanctuaire et les ossemens des fidèles, les couronnes ont été profanées. O couronnes des monarques, vous serez à l'avenir révérées du monde fidèle; plus belles par les fleurs de la foi, vous brillerez sur la tête des rois pieux. Couronnes héréditaires, présent de Dieu, les siècles confirment votre légitimité. O couronnes, couronnes dignes d'être conservées pures et resplendissantes de gloire, que le Dieu tout-puissant veille sur vous !

On connait maintenant la politique des trônes, la diplomatie de l'Europe. Tout se fait dans l'intérêt général, on désire conserver l'ordre en conservant les saintes prérogatives; l'Europe est victorieuse, j'ai toujours, du fond de la province ou au milieu de Paris, prié le seigneur pour posséder la religion et les rois légitimes; mes souhaits ont été exaucés du ciel, *je suis victorieux !*

Dieu bénit les états où des âmes pieuses existent, ces âmes invoquent le seigneur, et le seigneur remplit sa promesse. Le Saint-Esprit l'a dit: *Dieu fera la volonté de celui qui le sert.* Jamais les royaumes ne seront malheureux tant qu'un juste appellera la grâce et la bénédiction sur la patrie.

O ma patrie ! France, ô France ! tu as plusieurs justes, des âmes catholiques; ce bon curé prie pour la prospérité; ce cultivateur plus intéressant que le littérateur et le publiciste, ce cultivateur prie Dieu pour son roi; cette vierge, souvent à l'autel de la mère de Jesus, prie pour l'enfant de la France; cet ouvrier fidèle et pieux prie soir et matin pour les puissances de la terre, et cette bonne âme mérite plus de l'etat que ce philosophe impie; cette mère de famille prie pour le triomphe de la religion, et la religion est victorieuse.

Les états, oui, les états chrétiens malgré tous les révolutionnaires, existeront par les prières des bons serviteurs.

O monarques, ce sont ces âmes généreuses et fidèles qui conservent vos trônes. Un juste empêche Dieu de se venger d'un monde perfide.

Le pacte de la *Sainte-Alliance* empêche les factieux de s'agiter dans ce monde. Le monde depuis la révolution française est perfide et ingrat. Le monde résiste à la puissance; le monde n'a point cette fidélité chrétienne.

Que les monarques sont malheureux sur leurs trônes légitimes, ils n'ont qu'un seul but : le bonheur de leurs sujets, et les sujets désobéissent aux rois. O exercice de puissance, droit divin, diadême d'or et de diamans, les séditieux cherchent à usurper votre sainte propriété.

Tout est opinion dans le monde, et toutes les opinions populaires rendent misérables. On aimait Dieu, au temps de nos pères, en ces jours d'impiété Dieu est opinion; le trône est opinion, la religion une opinion, la piété une faiblesse, la vertu du fanatisme. O honte!

Lorsque les couronnes donnent aux sociétés des gages d'amour et de fidélité, que veulent donc ces malheureuses sociétés? narchie.

Quel sujet de haute importance, la piété dans les royaumes écarte le tonnerre céleste; les mauvais livres ont perdu le monde : *La Fontaine* par ses fables, *Dorat* par ses licences, *Diderot* par son impiété, *le Solitaire* par ses absurdités, ont plongé la jeune fille et le jeune élève dans l'abîme du malheur.

J'aime sans doute les sciences, mais je veux de la piété. Tout est *algèbre* ou politique, et l'*algèbre* et la politique n'offrent point à l'âme les douceurs de la grâce de Dieu; l'esprit doute, le cœur s'altère, l'imagination se dessèche et les studieux se révoltent.

Qu'il est beau de fêter les rois religieux! Descendez, intelligences célestes, descendez aux sons mélodieux de ma lyre d'or, venez autour des trônes, et quand les factieux outragent Dieu et ses ministres, venez chanter l'hymne divine!

Quelle comparaison d'un état tranquille sous les lois divines et sous le sceptre royal, avec un état où les factieux outragent leur roi! Comparez, ô nations fidèles, comparez votre situation fortunée, aux sociétés impies et libérales! Comparez votre législation sage avec la *réforme* populaire! Comparez un royaume chrétien avec un état faible!

Les états ottomans de l'Europe seront gouvernés par la douceur et la justice. Le Turc a renversé la croix qui brillait au beau règne de Constantin; le Turc, cruel envers les catholiques, prouve que Dieu se sert souvent des profanateurs de ses autels pour sa gloire. En Turquie nous avons des catholiques; partout la foi a des adorateurs, et remarquez, ô nations, la puissance divine; le Dieu puissant rappelle les peuples à sa croyance par la *Sainte-Alliance*.

Ce traité solennel montre combien l'Europe chrétienne doit chérir la piété.

Elle sera respectée, cette sainte piété ; trop long-temps les malheureux libéraux qui se réunissent pour applaudir aux ignorans de leur secte, seront forcés de fêter la vertu. La vertu, je la vois couverte de poussière. O souverains, la vertu doit triompher.

Les conditions suprêmes des nations en sociétés ont été de fêter leurs rois et de prier Dieu. Assemblez-vous, ô peuples, réunissez-vous aux chants de mon luth d'or, entendez les oiseaux sous les épais feuillages, ils adorent Dieu ; et vous mortels, regardez la terre, les cieux, et chantez les souverains maîtres !

Nous allons toucher tous les points de haute politique, après avoir prié pour la *Sainte-Alliance*, pour le triomphe des royalistes d'Espagne, des rois justes. Ils sont justes les monarques qui empêchent les révolutions ; ils sont justes quand Dieu est l'objet de leurs hommages ; ils sont justes, et la piété paraît sur les trônes ; ils sont justes, et la religion sera partout, et les royaumes auront toutes les grâces divines !

C'est une raison d'état très-importante que celle de faire observer la justice ; qui a produit la révolution ? l'injustice L'injustice voulait augmenter son héritage en privant de ses droits la veuve et l'orphelin ; l'injustice préparait l'affreuse révolution en attaquant la piété sur le trône ; l'injustice méconnaissait la loi du prince ; l'injustice condamnait l'eglise et ses prêtres ; l'injustice, enfin, détestait l'ordre et le bonheur social.

Aujourd'hui l'injustice voudrait encore accuser la justice éternelle, mais la justice prouve sa dignité ; donnée par Dieu aux rois qui la déposent auprès des *gens du roi*, elle surveille les méchans et console les honnêtes gens.

La politique de l'Europe se fortifie dans la justice suprême. Il est temps pour les sociétés d'aimer la justice du ciel; sans la justice, le monde, sous le poids de l'injustice, tomberait dans l'anarchie; les rois n'étant plus respectés, le gouffre réunirait et les impies et les matérialistes.

C'est la piété qui relève la croix pour adorer le Dieu puissant et garantir les trônes.

Quand les doctrines sont pures, les sociétés vivent dans la paix, et tout prospère. Aimez donc la piété, que la piété trouve le pouvoir toujours disposé à lui rendre honneur. Honorer la pieté, c'est honorer Dieu; l'âme pieuse est comme le soleil dans son midi.

L'eau qui coule par plusieurs ruisseaux, se perd par bien de détours; un seul ruisseau, sur un sable blanc et pur, a plus de limpidité; de même dans un état, la source des grâces autour du trône forme l'agréable ruisseau de la charité.

Où la religion trouve-t-elle de fidèles serviteurs pour la défendre? dans la piété. On dirait, en lisant tant de brochures et de mauvais livres, que le génie de la foi n'est plus sur la terre.

Reviens, ô foi de nos pères, conduis la fidélité et l'espérance; descends, aimable foi, ton empire est celui de la piété.

Politique européenne, vos principes sont ceux de la religion chrétienne, vous avez les moyens de combattre les factieux, mais vous préférez la douceur et la prudence. *Sainte-Alliance*, vos armées sont puissantes, mais votre diplomatie est si sage, si belle, que vous voulez conserver les états par la paix.

La force est toujours généreuse, ce sont les êtres agitateurs qui attaquent l'ordre, à la tribune politique, ou dans les assemblées nocturnes.

La force des trônes se compose de la force de la sagesse. Quand les couronnes brillent comme Dieu dans sa gloire, leur éclat paraît plus ravissant, aussitôt que la piété montre son immense génie.

..

Comme la justice divine a ses lois immortelles, la justice des monarques doit garantir les libertés. Aimez les bonnes doctrines, peuples de l'Europe, sans les âmes pures qui prient, le monde ne serait plus; honorez la piété sur les trônes et sur le chaume; répondez par vos actions à la grâce de Dieu; aimez l'ordre et le travail, les richesses de la culture et tous les dons du ciel.

Les oiseaux matineux chantent sous les feuillages, celui qui étend son pouvoir sur la terre et dans les airs, mais les hommes ingrats oublient le maître du soleil et des mers. Dieu se plaint par ses prophètes de l'ingratitude des peuples: « Ces nations méconnaissent mes bien-
» faits; j'ai arrosé, j'ai soigné l'arbre
» mystérieux; mon astre fait fleurir les
» lis, il murit les blés, et donne aux
» prairies des herbes abondantes; ma
» rosée fertilise les champs; mon amour
» charitable ne reçoit aucun hommage de

» la part des libéraux et des impies, et je » suis chaque jour outragé. Il est temps » d'épancher ma grâce dans le sein des » sages, et par l'effusion de ma souve» raine bonté, les rois, au *congrès eu» ropéen*, peuvent triompher des factions » nocturnes. »

Quoi ! est-ce donc là cet attachement pour l'ordre et le bonheur général? Toujours des ennemis de la félicité, toujours des oisifs sans morale, des agitateurs sans principes, de stupides écrivains, athées et séditieux! Quoi ! pour tant de dons du créateur, tant d'ingratitude ! L'espèce humaine dégradée par l'irréligion! Quoi! un peuple oublie le ciel et méprise les trônes; partout des rassemblemens, la tyrannie libérale fait peur, et toujours son poignard brille au milieu de l'athéisme. O Dieu, ne permettez pas que le monde soit ébranlé, agité. On croit tomber dans l'abîme du néant, dans un déluge physique et moral, lorsque l'on voit les *lumières de l'irréligion*.

C'est donc pour l'intérêt des peuples que les souverains forment un congrès. Un droit public nouveau rendra plus d'éclat aux lois civiles, et les avocats plus religieux, auront plus de gloire à terminer, par de sages transactions, les procès de leurs cliens. Ce droit public aura cette uniformité, cette législation chrétienne, ces maximes immuables du législateur divin.

Le travail et la piété conservent les états. Ce fut la paresse qui s'offrit aux chefs de parti; ce sont les plumes impies, les mauvais publicistes qui ont brisé les liens sociaux.

Donnez au peuple du travail et de la religion, et vous le verrez fidèle. Autrefois on observait le saint jour du repos, les hommes étaient-ils plus pauvres? non; mais aujourd'hui l'impiété est audacieuse, elle trouve de lâches écrivains, sans élégance, sans esprit, qui voudraient que le peuple travaille les dimanches, pour lui faire perdre l'idée du créateur.

Nous reconnaissons toujours des droits aux nations ; les hommes sont les enfans du ciel et des rois, le ciel est toujours favorable aux peuples chrétiens et fidèles, il faut aussi que les rois sachent que Dieu demande compte de leur bonne administration ; mais nous savons aussi combien les peuples doivent être reconnaissans des attentions, des soins de leurs monarques.

Vous êtes, ô puissans de la terre, les premiers pasteurs du troupeau, c'est à vous de le conduire sous un beau ciel, au milieu des fertiles pâturages.

L'activité et l'industrie procurent le bonheur. Occupez-vous, ô hommes de l'Europe, dans vos champs, forcez par vos travaux, la terre à donner encore plus de fleurs et de fruits, élevez des coursiers pour le Dieu des batailles et pour la charrue. Que vos brebis soient fécondes, multipliez vos bergeries, rendez vos prés plus gras et vos plaines plus riches, alors vos belles campagnes seront le séjour de l'opulence et du bonheur.

O Dieu, comblez les peuples de bienfaits, ressersez ses nœuds de la fidélité, faites tomber l'eau de la grâce sur le cèdre comme sur le lis, que partout la foi se présente avec douceur, et la justice avec la charité.

Le monde politique reçoit déjà de douces satisfactions; ce besoin d'exister heureux, cette considération qui naît de la fidélité, ces maximes d'aimer Dieu et les rois font la véritable institution.

L'état de l'Europe nous intéresse infiniment; l'ordre de ses lois, la sagesse de sa diplomatie, sa haute politique ont fixé mon attention.

Quand un gouvernement a toute la loyauté, toute la force de la justice, il peut compter sur l'ordre. L'autorité punit l'audacieux et le traître, l'ingrat et le perturbateur. Tel un vaisseau s'introduit à l'abri des vents dans une rade, où bientôt il sera à l'ancre ; tel dans un gouvernement, le conducteur royal arrive avec grâce et majesté au port de la paix, en évitant les dangers de l'irréligion.

De la piété, du travail, de l'ordre, et les états sont sauvés. Combien les sociétés sont malheureuses par l'inconduite populaire! Où donc trouver la sécurité? dans l'obéissance aux lois, dans les vertus chrétiennes. Où l'action régulière s'exerce, pour l'intérêt général, tout le monde se trouve heureux.

Nous sommes ravis de présenter les grandes vérités religieuses. Plus un état pratique la sagesse, plus les âmes s'élèvent vers Dieu; les tumultes et les infidélités naissent d'un vice d'éducation.

Sachez, ô vous tous qui êtes réunis en sociétés, songez aux maux de l'anarchie! Tout est en désordre, les lois sont méprisées, dans les troubles populaires rien n'est sacré....

La raison d'état ordonne même de

s'opposer à tout ce qui serait contraire à la piété et au bon ordre. La société qui reçoit toutes les garanties par la justice et la religion, force les hommes à être justes et pieux.

C'est à la sagesse royale d'empêcher l'irréligion de multiplier ses doctrines infâmes. On oppose à l'impiété, l'âme pieuse dont les doctrines célestes font le bonheur des familles. Pour former les cœurs à la fidélité, ordonnez aux professeurs de rappeler aux élèves la puissance de Dieu et la douceur des rois.

Ce qui est préjudiciable aux trônes, le savez-vous, ô mortels?... Rien de plus contraire que cette indifférence pour la prière publique; dans tous les établissemens on n'entend jamais la jeunesse prier le ciel afin qu'il conserve la majesté royale. Que les maîtres aient cette bienséance, ce sentiment de gratitude, cette expression de la piété, en sollicitant avant les classes, l'être divin en faveur des couronnes.

Instituteurs, l'état vous donne du pain, priez pour l'état; notre roi demande une jeunesse soumise, formez donc cette jeunesse à l'obéissance. Ingrats, ne savez-vous pas que sans la piété les états sont dans la décadence?

J'insiste toujours sur la piété, et bientôt on connaîtra que tous ceux qui attaquent les trônes sont des impies; la jeunesse, dans ce monde volage et perfide, la jeunesse oisive et ignorante s'agite pour faire fortune, l'ambition et l'orgueil perdent les états; que le commerce maritime soit animé, les bras occupés, et les intrigans des villes ne pourront plus produire tous ces mouvemens aux théâtres et sur les places publiques.

Pourquoi les impies tourmentent-ils sans cesse la société? parce qu'ils n'ont aucun sentiment d'honneur; pourquoi ces troubles, ces agitations, ces ingratitudes dans certains colléges? parce que la mauvaise politique et l'ignorance des devoirs sacrés donnent trop d'audace au libertinage.

La politique de l'Europe veille sur tous les gouvernemens chrétiens, c'est ce motif de conservation qui décide les monarques à statuer sur le sort général des peuples.

On apprendra bientôt de grandes vérités, nous avons la confidence de la grâce, elle nous permet aussi de célébrer les prospérités nationales. Je m'élève à de grandes considérations, tantôt comme la blanche colombe, je fais entendre de tendres gémissemens; tantôt du fond des tombeaux, mon accent est douloureux et prophétique.

La nature a ses lois éternelles. Dans

l'ordre social, il importe aux classes différentes de communiquer un bon esprit public. L'homme fortuné doit respecter la justice du trône et obéir à Dieu. L'ouvrier sachant combien la tranquillité est nécessaire, s'occupera toute la semaine, et le dimanche, jour de repos, il assistera aux offices; les rangs sont distribués par la divinité; n'ambitionnez donc pas le bien de votre voisin, ne faites point d'injustice, vivez heureux dans l'état où la providence vous a placé.

Les malheurs proviennent de l'excès d'injustice.

Cet homme sans piété, sans génie, voudrait le poste honorable de ce fidèle serviteur. Ce déclamateur attaquant continuellement les grands pouvoirs, voudrait bien se trouver à la tête de l'administration, et ce mauvais citoyen conspire contre les ministres pour renverser la société.

C'est une belle pensée du prince, de réunir autour de son trône, et la piété toujours fidèle, et le talent ministériel, toujours grand et éclairé, et la religion toujours favorable à la légitimité.

Dans toutes les révolutions l'ambition s'agite. Cet homme attaque l'ancienne noblesse, pour s'élever sur un ordre aussi respectable. Au commencement des troubles civils, la Bretagne avait et ses beaux états et son digne parlement; quand les états de Bretagne s'assemblaient, c'était pour fixer tous les intérêts. Le parlement honorait la province par sa fidélité et sa religion; le parlement reçoit sa suppression, la justice fait place à *la liberté*. Les clercs, les avocats, les soldats citoyens s'unissent, et l'on voit sur la porte des *chapeliers*, les marques de l'effervescence patriotique; Nantes s'agite, et les commis des négocians et les garçons de boutique, *marchent sur Rennes* pour fraterniser. Fort jeune, nous avons été témoin de cet élan, et nous dirons une autre fois que le commerce n'était pas fâché de voir la noblesse humiliée....

Aujourd'hui, le banquier, le marchand s'élèvent sur l'ancienne noblesse. La révolution a toujours sa marche ordinaire.

Que la piété honore les sociétés chrétiennes! Le monde a été trop long-temps affligé par l'irréligion.

Trois considérations se présentent; la première pour la conduite des grandes puissances continentales, elles ont les belles idées de la justice des trônes; les premiers de la terre doivent empêcher cet esprit d'ambition et d'indépendance. La religion doit ramener le monde à ce principe divin : que Dieu a fait tout pour l'ordre général.

Les riches procurent du travail au

pauvre; que chacun bénisse l'éternel, et reconnaisse les conditions sociales comme une perfection du très-haut.

La deuxième considération s'obtient de la piété des couronnes. Quand les peuples ont la religion qui console, le travail qui nourrit, l'ordre qui garantit les propriétés, les libertés légales, on doit pour la tranquillité générale punir les factieux toujours disposés à troubler la société.

Tout homme est soumis aux lois; le premier législateur, même le souverain, doit à Dieu de la fidélité, et dans le cas où, par de mauvais discours, des anarchistes appeleraient à l'insurrection, aussitôt le monarque a des devoirs à remplir.....

Troisième considération. Les corps sociaux ont leurs lois d'équilibre, tout est composé pour la félicité publique, et en réfléchissant sur cette science, on voit combien les rois ont de sagesse !

La sainte alliance, dans sa balance morale, se détermine par la raison suprême, par l'ordre des états.

Dans un pays représentatif, des chambres fidèles au roi font l'honneur d'un royaume, mais qu'il serait malheureux qu'un peuple ressentît les effets de l'infidélité et qu'il n'aimât ni l'ordre, ni le travail.

Que de sang la tyrannie révolutionnaire fait répandre ! sang pur et divin des majestés, sang sacerdotal, sang des fidèles serviteurs, sang des martyrs, sang des vierges, sang des impies mêmes.

O sociétés de l'Europe, apprenez du Dieu de l'ordre, à chérir l'ordre. Témoignez au créateur des cieux et de la terre et votre amour et votre fidélité !

Les vices publics sont toujours les plus dangereux.

Dans les colléges, au milieu des camps, dans le silence des bois, jusques dans la chaumière, l'affreuse indépendance populaire a produit l'irréligion. Les impies et les ignorans toujours préparés pour attaquer l'église et les trônes ont répondu à la voix de la *Minerve* et du *Pilote*.

Pour préserver l'Europe de l'affreuse anarchie, conservez les trônes, montrez par des sentimens d'honneur, cette fidélité charmante. Que le domestique soit fidèle à son maître, l'ouvrier à celui qui lui donne du pain, mais ne faites jamais rien contre la religion et contre les diadêmes. N'alarmez point vos princes. Nous jugeons de la civilisation par la piété. Les lois divines sont en harmonie avec les lois civiles, la religion unit tous les hommes par la croix de Jésus-

Christ, et ce sont les égards réciproques, l'ordre et la justice qui complètent le droit général.

Notre politique nouvelle n'est plus cette politique mondaine qui fuit le bonheur. Ce sont actuellement les grandes pensées, les hautes considérations, qui occupent nos rois. Je voudrais moi-même présenter cet ouvrage aux monarques, qui bientôt seront assemblés pour les grands intérêts ; mais par leurs ambassadeurs et leurs ministres je peux marquer mon zèle, et recevoir l'agréable nouvelle que donne la joie d'une si belle action.

J'emploie mon or pour l'offrir à Dieu et aux princes, il est bien partagé. Mon cœur par tant de transports, ne peut acheter trop cher l'honneur de composer *la politique de l'Europe*.

Que peuvent souhaiter les sociétés? le commerce et la piété : tout se trouve dans notre ouvrage. La piété rend le monde sage, et le commerce donne l'aisance.

Les états se soutiennent par les vertus publiques. Les rois travaillent pour le bonheur. La grâce et la foi célèbrent le congrès. Bergers, chantez aussi la grâce de notre *sainte-alliance*; vierges du bocage, venez accompagner ma musette, chantez la France brillante de gloire; chantez le beau temps, l'honneur de la patrie; les grands rois s'honorent, se distinguent par leur alliance!

Les premières puissances du continent agissent pour prévenir tous les événemens révolutionnaires. Une politique sage entretient l'ordre et produit la sécurité. Les libertés nationales règnent avec les monarques. O libertés modérées, prudentes et justes, vous rassurez les sociétés; libertés, faites entendre vos accens : « Nous aimons l'ordre et la paix, la jus-

» tice et le travail; anathème aux fac-
» tieux qui abusent de nos noms divins
» pour tromper les faibles et les igno-
» rans! »

La liberté a ses racines sous les trônes, et ses branches ombragent les gens du roi. Oui, magistrats, vous méritez bien mes respects. L'ordre ne peut se séparer de la justice, et la sagesse dicte vos jugemens. Un état sera toujours heureux par la parfaite justice. O juges! rendez toute la joie à mon âme en punissant les coupables agitateurs. Le Dieu des vérités vous donne ses pouvoirs, et le souverain augmente encore votre autorité!

Que vous m'êtes chère, ô justice de mon roi! *toute justice émane du roi*, c'est dire combien l'équité a de charmes. Dieu juge les souverains, mais les souverains protègent les bons magistrats; puissante justice, sous votre manteau royal, la grâce est tantôt douce et tantôt elle punit. Beauté de la clémence, vous êtes semblable à celle de Dieu, toute justice agit pour le bonheur social.

Les nations ont été dans une grande disgrâce par l'impiété. Le monde sur le bord du précipice ne prenait aucune précaution pour se garantir des factieux. Le Dieu suprême était oublié ; les lois et la justice trouvaient des ennemis à la tribune politique.

Dieu abandonne souvent les hommes à eux-mêmes, long-temps ce Dieu ne répondait plus à nos vœux, aux vœux des âmes pieuses ; il laissait les états révolutionnaires au milieu des factions, et tous les grands malheurs accablaient la société. Dieu fait entendre son tonnerre, il dit à la *sainte-alliance* : « Profitez de mes célestes lumières ; dans une assemblée
» auguste, déterminez les intérêts des
» peuples, affermissez les trônes, rendez

» honneur à ma religion, vos droits sont » ceux de ma divinité, et vos devoirs vous » obligent de faire respecter mes lois, » ma justice et la raison publique. Vos » peuples pieux et fidèles auront l'a» bondance et la paix ».

Les orages affligent les laboureurs, c'est une pluie vivifiante qui ranime la terre. Que les premières puissances continentales observent bien l'ordre de la nature, tout s'éleve par degrés. Ce blé encore en tuyaux a tige faible d'abord, se soutient par des nœuds, l'épi sort par les jointures pour paraître avec éclat, et cet épi de blé fait la beauté de nos champs; de même dans l'état, le temps conduit tout à sa perfection, le temps fait recueillir les fruits de l'arbre du bien.

C'est un objet d'intérêt politique, que celui du principe conservateur. Jusqu'à présent plusieurs mauvais publicistes de France, en Allemagne, en Angleterre et ailleurs, l'ont ignoré. Ce principe consiste en France dans le souverain, il nomme les juges et la justice lui appartient. Ce principe conservateur dans les autres états a toujours l'ordre pour élément et le bonheur social pour but.

Quand les lois reçoivent leur application, quand la religion trouve des fidèles, le trône de bons serviteurs, la patrie des hommes reconnaissans, le peuple du travail; la société peut dire : *je suis heureuse.*

Il est arrivé ce temps où les gouvernemens parfaitement constitués d'après la piété et la justice, doivent se garantir de toute rébellion, de l'impiété et du libertinage.

Que de considérations morales! l'ordre public s'intéresse à la prospérité; et les honnêtes gens font tous leurs efforts possibles pour défendre Dieu et les trônes et les libertés.

Une politique générale correspondant à la politique du ciel, des mœurs nationales, le goût du beau, du juste, la solidité dans les engagemens, l'ordre dans les finances, l'économie domestique, vont exercer leurs douceurs dans l'Europe.

La *sainte-alliance* a la politique véritable, ses sentimens ressemblent à ceux de la providence, c'est la tendresse et la sincérité !

Les révolutions ont fait de grands malheurs, la manie révolutionnaire passe pour faire place à la piété. O grâce, vous dites au monde soupçonné d'infidélité et d'ingratitude : monde malheureux ! tu les éprouves toutes les peines de l'anarchie. La colère de Dieu était visible, tu échappes des mains de la furie domestique, vois la lumière divine !

La *sainte-alliance* nous ramena à l'ordre, la justice la suivit et les sociétés se rapprochent de Dieu et des rois.

Le monde travaille et prie, comment sans religion peut-on être heureux ? comment Paris et les hameaux, sans fidélité, sans culte, auraient-ils des jours rians ? Quoi ! des princes aimables trouveraient encore des ingrats ! non, répond la société. On professe actuellement la croyance. Les simples ont été séduits, des ignorans se sont trouvés surpris, mais l'éducation se perfectionne, la véritable politique est le partage des souverains, les sujets s'appliquent à prier et à travailler.

Que vous aurez de charmes pour la piété ! O peuples, long-temps impies et infidèles, vous aimerez tous vos devoirs !

Nous sommes au monde pour adorer l'éternel, chérir les rois, travailler et obéir. A l'avenir les hommes s'empresseront de témoigner leur reconnaissance aux chefs des peuples ; tous les ingrats et les séditieux seront punis et méprisés. Hommes de toutes les nations, plaignez des malheurs que j'ai toujours prévus ; plaignez la faiblesse, conduite par le libéralisme et la perfidie, trahissant ses devoirs ; plaignez les oisifs trompés, plaignez même les infâmes trompeurs. Vous le voyez, vous avez été bien malheureux dans les troubles ! Que de remords pour les ingrats, les capitaines infidèles, les soldats révoltés !

On ne pouvait pas s'imaginer autant de malheurs causés par les révolutions ; les sillons abandonnés, la misère partout, tous les crimes honorés par l'athéisme, toutes les mauvaises opinions publiées, la barbarie élevée sur les statuts de la foi, le sanctuaire profané, la mauvaise politique, accusent l'ordre et la paix.

Devenus sages par les leçons du malheur, les individus commencent à prier et à obéir ; la position sociale s'améliore, les doctrines chrétiennes épurent déjà les cœurs, tous les mauvais discours de la révolution n'ont plus que quelques lecteurs libéraux.

Par la puissante intervention, j'espère que les états seront tranquilles ; la conduite politique des grands a tant d'intérêt pour ma plume et mon cœur, que je ne peux me refuser à contenter ma pensée.

Dans la joie où je suis, c'est toujours avec plaisir que j'admire la félicité publique ; je n'ai plus d'inquiétude pour les états.

La diplomatie nouvelle aura d'heureux résultats ; toutes les relations rétablies, le bonheur assure, les sociétés paisibles, les souverains sur leurs trônes ; la religion dans son temple, et

Dieu sur ses autels, ravissent mon âme.

Les cours de l'Europe savent toutes l'importance de la *Sainte-Alliance*; Dieu qui préside aux congrès enverra sa sagesse au milieu de l'immortelle assemblée.

Dons du ciel, comme vous êtes beaux! Réjouissez-vous, mortels, l'aurore naissante n'est pas plus aimable que la grâce des trônes. Tout m'enchante, nos campagnes ont pour moi beaucoup d'agrément, les fleurs me paraissent plus fraîches, les ruisseaux plus limpides, les chantres ailés ont des concerts doux, bientôt les cités béniront le Dieu des peuples, la piété auprès des trônes donnera d'utiles conseils, et la divine religion toujours majestueuse, toujours consolante, toujours charitable, versera sur les humains ses grâces abondantes.

Dans l'état où se trouve l'Europe, une politique raisonnable doit fixer le sort des peuples de la Grèce. Malheureux et rebelles, les premiers ils ont montré tout ce que la férocité a de plus affreux, et les Turcs encore plus sanguinaires se sont vengés sur des femmes, des enfans, des vieillards.

O guerres de religion, de fanatisme et d'impiété, que votre fanatisme est odieux!

Peuples, priez Dieu pour une civilisation européenne; que la Turquie imite la *Sainte-Alliance*, on verra le divan doux et affable, sa diplomatie sera loyale, son esprit plus social.

C'est le droit des gens qui garantit et les états, et les traités, et les relations commerciales, et la paix, et les fidélités.

Les grands monarques rassurent tous les gouvernemens; les divers intérêts, les différentes constitutions peuvent maintenant se conserver, l'autorité s'applique à faire renaître l'ordre.

Depuis long-temps la civilisation ne

faisait aucun progrès; des séditieux, des ingrats, des perturbateurs tourmentaient des sociétés; mais Dieu vous présente sa gloire. Acceptez cette brillante fleur de la paix, ô peuples, et croyez à la providence.

Il fallait bien que les souverains rendissent hommage à la légitimité et qu'ils aimassent les nations, puisqu'ils forment le congrès à Vérone.

Ainsi les royames auront tous les moyens de donner une bonne direction aux sociétés, et dans cette conduite morale la justice avec la grâce royale feront la félicité publique.

L'état prospère des gouvernemens de l'Europe sera un tableau enchanteur... Heureux par la fidélité, riches par le commerce et l'agriculture, les peuples recevront toutes les fleurs de la charité.

O mon Dieu ! votre conduite est admirable, vous avez terminé nos révolutions pour finir nos misères et nous secourir dans nos besoins. Quelle obligation n'avons nous pas ! Combien nos remercîmens sont sincères ! Soyez adoré par l'univers.

Peuples du Midi, adorez Dieu ; nations du Nord, adorez Dieu ; rois et juges de la terre, adorez Dieu ; cieux, adorez Dieu. Heureux, ô heureux les mortels et les élus qui adorent Dieu !

O Dieu très-haut, je ne peux rien sans vos grâces, vous m'en avez accordé de grandes, mais qu'il me soit donné d'enrichir les états de la vérité divine !

O congrès, vous serez tellement persuadé qu'un peuple sans religion méprise la justice et les rois, que par votre diplomatie il faudra tellement publier les intérêts nationaux, de cette manière irrévocable : *Les monarques sont inviolables et ils rappellent à leurs peuples l'opinion qui s'exprime pour le bonheur.*

Par tant de motifs présentés, il est démontré combien les mœurs ont de puissance sur les gouvernemens !.

Le peuple est imitateur, lorsqu'il voit les grands bénir le Dieu bon et terrible, il revient aux sentimens de l'honneur.

L'impiété rend le mortel stupide, barbare et indifférent; indifférent pour la félicité éternelle, l'impie n'aime ni le créateur, ni les souverains.

Soyez sensibles aux charmes de l'ordre, aux douceurs de la grâce, ô nations de l'Europe, et vous serez parfaites et chrétiennes !

La révolte est dans l'homme ingrat, notre premier père manqua à la reconnaissance et Adam fut puni.

Français, vous aimerez le Dieu de vos pères; Français, votre religion conduit à l'honneur et à la fidélité; Français, ô Français, respectez l'église et votre monarque!

Ne laissez pas éteindre le feu de la foi, vous avez la grâce suffisante, demandez la grâce céleste.

Comment les hommes peuvent-ils rester indifférens dans la foi chrétienne? Si mes yeux se fixent vers le ciel, je vois les belles constellations, l'ordre admirable du soleil; si je jette un regard sur la terre, quelle variété de fleurs, que de richesses; les plaines et les montagnes, la verdure et les ruisseaux, annoncent la puissance du divin maître : enseignez dans les colléges et dans les facultés diverses, que toute la nature annonce un Dieu puissant. On est indifférent sur les beautés champêtres, c'est l'heure, ô rois, de combattre les impies et les athées. C'est l'heure, ô prêtres, d'annoncer les grandes vérités; c'est l'heure.....

Qui forme les bonnes mœurs? C'est la religion, elle fortifie l'âme, nourrit la raison et adoucit les cœurs.

Ce géomètre ridicule sur la religion, n'est exact que dans ses calculs : ce mathématicien sait en général la science des grandeurs, des figures, des angles, mais il ne peut pas expliquer le pouvoir de la religion.

Ce physicien connaît les choses naturelles, mais il ignore les choses divines. Ce naturaliste sait le nom des fossiles, mais il oublie le nom de son Dieu. Ce qui est le plus nécessaire est le plus méprisé, ô siècles révolutionnaires. O nos pieux ancêtres, sortez des cieux, venez considérer des êtres méprisables qui rougissent d'avoir une âme immortelle!

Les mœurs sont aussi nécessaires aux sociétés que des arbres fruitiers dans nos campagnes; la raison divine n'a point de charmes pour l'impie : ce monstre d'indignation voit d'un œil furieux le bonheur public; que la terre soit riche par ses moissons, que les troupeaux enrichissent le cultivateur, que les pâturages soient abondans, l'impie est insensible, indifférent, il n'aime point les beautés de la nature, c'est le néant, le néant et la mort qu'il désire.

Dans l'ordre social l'impie et l'incrédule sont des êtres pernicieux. Nos philosophes ont été loin, très-loin; aveuglés par le destin fatal, ils ont provoqué toutes les fureurs du libéralisme.

Cruels! que vos systèmes sont désolans! Comment peuvent exister des sociétés sans religion? Stupides, lisez l'histoire! Les Romains avaient leur grand Jupiter, leur Mars sanguinaire, vous voulez renverser les autels du vrai Dieu ! Qu'est le Dieu des anarchistes ? Furieux, souillés de sang, vous blasphêmez le nom du Très-Haut.

Peuples fidèles, le Dieu que vous aimez, commande à l'univers, il sait le nom de chaque étoile ; le Dieu des rois est le Dieu immortel.

L'homme a besoin de croire, son cœur se plaît dans la prière, c'est un sentiment qui embellit ses jours. Comment l'impiété peut-elle dénaturer l'âme ? Quand on oublie Dieu tout est perdu.

Sitôt que les peuples abandonnent la Divinité, l'ingratitude s'étend sur les états.

Les docteurs modernes peuvent avoir de l'esprit, mais ils n'ont aucune foi, et sans foi, sans la raison céleste, le bel esprit fait pitié.

Celui qui n'a point de religion, celui-là est l'ennemi des sociétés. Joni insulte les ministres de Dieu dans sa mauvaise politique; J... n'a aucune connaissance des lois célestes. Dans quelques années nos logiciens incrédules tomberont au pied de la croix.

Dieu sauveur, signez de votre sang le jugement des impies. Anathème sur les voix incrédules! Anathème à ce malheureux apostat qui veut briser la tige miraculeuse!

Comment souffre-t-on dans les gouvernemens chrétiens des livres sacrilèges? Comment laisser dans des postes, dans des places , les infidèles, les perfides.

Que le congrès dans de plus beaux jours trouve la douce religion, disposant l'esprit royal et réglant les lois sociales. Les cœurs royalistes espèrent le bonheur du congrès européen. Un nouvel incarnat relève la fraîcheur de la reine Marguerite.

Tendres bergères, chantez le congrès:

votre âme n'est plus oppressée, le bonheur renaît comme la fleur que le printemps fait éclore; votre air toujours pieux rend le concert plus agréable; les fleurs tendres et virginales ont dans leur suc amoureux les pleurs de l'aurore; sur les tapis de verdure, près les vallons fleuris, respirez le suave parfum des lis; chantez ce lis, ornement de la cour, ce lis cher à la France, chantez la prospérité de l'église!

Les nations ont besoin d'instruction; avant l'établissement merveilleux de la religion chrétienne, le peuple del'univers était cruel, barbare. Constantin, païen et idolâtre, sacrifiait les prisonniers, ils étaient brûlés; mais le grand Constantin, après sa conversion, reçoit les vaincus comme des amis, comme des frères. Effet de la grâce! dans ces beaux jours du christianisme le monde était heureux. O malheurs du schisme, des hérésies! l'Afrique comme l'Asie, la Turquie et d'autres pays ont marché sur la croix, et le roi adorable a été profané, et les saints ont été réduits en poudre, et les cendres bénites ont été jetées, et le feu a consumé les églises où siégeaient les Ambroise, les Augustins, les grands catholiques.

Rois et magistrats, peuples et prêtres, elle est donc belle cette religion qui rend les sujets fidèles. C'est cette aimable religion qui donne les connaissances sublimes, c'est elle qui fixe le langage; il existait sans doute des philosophes dans l'antiquité, mais que d'erreurs dans l'idolâtrie! elle entraîne le monde sauvage. Persécutée dans l'Europe, sa lumière brille sur des rivages étrangers.

Malheureux philosophes, élèves de J. J., vous avez plongé dans le sein de l'église le poignard homicide; la religion ne paraît plus à vos yeux; tels dans nos jardins quand l'orage répand ses torrens, les lis et les autres fleurs n'ont plus d'attraits et de parfum.

Quand les lois divines sont les seuls plaisirs du monde, un baume consolant ranime les sociétés. O ciel, soyez sensible aux revers des états, donnez à tous les gouvernemens le bonheur et la paix; que l'aurore vermeille ouvre le calice du lis à l'ondée bienfaisante, et cette fleur charmante recevant dans son sein un nouvel état, fera à jamais l'ornement du diadême de Louis XVIII, et la gloire de monseigneur le duc de Bordeaux.

La religion éternelle fait donc le bonheur social; il faut l'observer. Nations, aimez Dieu, aimez vos rois! Rois, aimez celui qui vous fait gouverner, rendez vos peuples heureux.

O cieux, soyez adorés par les anges et les hommes; la terre n'est pas le séjour du bonheur. O terre, tous les mortels doivent te quitter; terre de révolution, sois plus heureuse; mais le ciel est le séjour des bons rois, des peuples fidèles. Je te verrai, ô patrie céleste, et du haut de l'empyrée je m'occuperai de la France et des nations de l'Europe.

FIN.

www.ingramcontent.com/pod-product-compliance
Lightning Source LLC
Chambersburg PA
CBHW070808290326
41931CB00011BB/2167